左手ラクチン！
カンタン！ キレイ！

日常
使え

保育のカンタンピアノ伴奏 130曲

監修／寺田真由美　編曲／寺田雅典

はじめに

いつの時代も子どもと歌とは大切な関係です。
歌で友達、家族、社会とつながり、歌で心を豊かにしていくものです。
最近の歌は心情を歌ったものが多いですが、
この本では童謡などの情景描写が豊かなものを多く選んでいます。

このような曲を歌うことで子どもたちは歌詞の中の世界を頭に描き出し、
歌の中に出てくる子どもや動物たちの気持ちやストーリーを想像するのです。
それは何よりの情操教育になると思います。
また時間の流れやストーリー性のある歌も入っていますので、
ぜひ2番以降も教えて歌の世界を楽しんでください。

CONTENTS 保育のカンタンピアノ伴奏130曲

知ットク！① 新曲の指導ポイント……4
知ットク！② ピアノ弾き歌いの裏ワザ3……5
知ットク！③ 一流「ペダリスト」への道……6
本書の特長と使い方……8

MUST 1 3・4・5歳児の今月のうた

3歳児
4月 ちょうちょう……10
5月 こいのぼり……11
6月 かえるの合唱……12
7月 たなばたさま……13
8月 うみ……14
9月 大きな栗の木の下で……15
10月 どんぐりころころ……16
11月 小ぎつね……17
12月 お正月……18
1月 雪……19
2月 豆まき……20
3月 おはながわらった……21

4歳児
4月 かわいいかくれんぼ……22
5月 おかあさん……23
6月 あめふりくまのこ……24
7月 しゃぼんだま……25
8月 とんでったバナナ……26
9月 とんぼのめがね……28
10月 まつぼっくり……29
11月 山の音楽家……30
12月 あわてん坊のサンタクロース……31
1月 雪のこぼうず……32
2月 こんこんクシャンのうた……33
3月 春がきたんだ……34

5歳児
4月 春の小川……36
5月 おつかいありさん……37
6月 大きな古時計……38
7月 アイスクリームの唄……40
8月 オバケなんてないさ……42
9月 バスごっこ……43
10月 まっかな秋……44
11月 虫のこえ……46
12月 たきび……47
1月 北風小僧の寒太郎……48
2月 うれしいひなまつり……50
3月 思い出のアルバム……51

MUST 2 季節とイベントのうた

生活
朝のうた……54
せんせいとお友だち……55
あくしゅでこんにちは……56
おかたづけ……57
おべんとう……58
はをみがきましょう……59
おかえりのうた……60
ハッピー・バースデー・トゥ・ユー……61

秋
おじいちゃんのおとし……82
兎のダンス……83
いもほりのうた……84
おばけのカボチャ……85
ゴーゴーゴー……86
こおろぎ……89
夕日が背中を押してくる……90

春
もんしろ蝶々のゆうびんやさん……62
ありさんのおはなし……63
かめの遠足……64
ありがとうお母さん……66
茶摘み……69
雨ふり……70
かたつむり……71
すてきなパパ……72

冬
サンタが町にやってくる……92
We Wish You A Merry Christmas……94
カレンダーマーチ……95
うぐいす……96
どこかで春が……97

夏
きんぎょのひるね……74
いるかはザンブラコ……75
くじらのとけい……76
バナナのおやこ……78
カレーライスのうた……80
おさるがふねをかきました……81

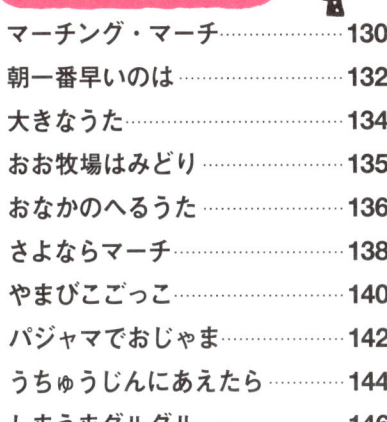

MUST 3 発表会・卒園式のうた

発表会

ともだちになるために……100
空にはつきないゆめがある……102
あおいそらにえをかこう……104
世界に一つだけの花……106
花は咲く……110

卒園式

はじめの一歩……115
今日の日はさようなら……118
ありがとうこころをこめて……120
みんなともだち……123
みんなおおきくなった……126

MUST 4 先生たちのリクエスト

子どもとうたいたい歌

マーチング・マーチ……130
朝一番早いのは……132
大きなうた……134
おお牧場はみどり……135
おなかのへるうた……136
さよならマーチ……138
やまびこごっこ……140
パジャマでおじゃま……142
うちゅうじんにあえたら……144
しまうまグルグル……146
ニャニュニョのてんきよほう……148
十二支のうた……150
ちょんまげマーチ……152
ようかいしりとり……154
WA になっておどろう……157

遊び歌

手をたたきましょう……160
白くまのジェンカ……162
大工のキツツキさん……164
アブラハムの子……166
ぞうさんのあくび……168
アルゴリズム行進……170

映画

ミッキーマウス・マーチ……172
ビビディ・バビディ・ブー……174
ハイ・ホー……176
チム・チム・チェリー……178

ジブリ

君をのせて……181
風になる……184

アニメ

夢をかなえてドラえもん……188
おどるポンポコリン……193
ウィーアー！……196

MUST 5 童謡・わらべうた

童謡

七つの子……202
証城寺の狸囃子……204
ふじの山……206
夕焼け小焼け……207
故郷……208
金太郎……209
浦島太郎……210
一寸法師……212
兎と亀……214
桃太郎……216

わらべうた

でんでらりゅうば……217
ずいずいずっころばし……218
とおりゃんせ……220
かごめかごめ……222
ひらいたひらいた……223
お寺のおしょうさん……224
はないちもんめ……226
ちゃつぼ……227
なべなべそこぬけ……228
おちゃらか……229

五十音索引……230
ジャンル別索引……232

知ットク！ 1

ポイントを押さえて、楽しく歌おう！

新曲の指導ポイント

保育の中で、子どもたちの知らない新しい歌を教える機会も多いはず。そんなときに役にたつ指導方法です。

❶ まずは「歌詞」を教えましょう

新しい歌を子どもたちに教えるときは、まず「アカペラで歌だけ」うたって子どもたちに聞かせましょう。

このアカペラのポイントは「ゆっくりと歌詞をかみしめて声に出す」です。

最近では「とりあえずCDを流して覚えさせる」という先生も増えましたが、CDは楽器がいっぱい、音もいっぱいで、耳に入る情報量が多すぎます。

すると子どもたちは、よくわからない歌詞を自分の脳内にある単語で近い発音の言葉に当てはめたり、耳に聞こえた文字をそのまま発音して歌ったりします。

子どもの脳は吸収が早い分、1回覚えてしまうと訂正が難しくなります。歌詞をまちがえて覚えてしまったらタイヘン！なので、先生はゆっくりとひとつひとつの文字がわかるように歌いましょう。

❷ 次にメロディをピアノで弾きましょう

いきなり伴奏を完璧に弾く必要はありません。まずはメロディだけ弾けばいいのです。

先生の声とピアノの音が同じだ！ と子どもたちが気づけば、そのうち先生が歌わなくても子どもたちはメロディの音だけで歌えるようになります。

最初はメロディをゆっくりと弾きながら歌って、だんだん速くして正しいテンポにしていきましょう。

歌い始めは「1・2・3・ハイッ！」で十分です。左手の伴奏を入れるのはその後で。子どもたちがしっかりと歌えるようになれば、伴奏にも集中できますからね。

❸ 最後にイントロや間奏も付けて

子どもたちがメロディをマスターしたらイントロや間奏を付けましょう。

ここで❷の「1・2・3・ハイッ！」が役にたちます。

イントロや間奏があっても、子どもたちが歌いだすタイミングで「1・2・3・ハイッ！」と言えば（ああ、ここから歌うんだな）と理解してくれます。

あとはみんなで楽しく歌うだけ！

知ットク！ 2

ちょっとのポイントでいきなりウマくなる!?

ピアノ弾き歌いの裏ワザ３

これができればピアノがぐんとうまく聴こえますよ。

① 強弱はおおげさに！

この楽譜では、強弱記号を少なめに書いていますが、弾けるようになると強弱を付ける余裕が出てきます。

楽譜記号だと pp やら mf やら ff と、細かい段階がありますが、実際に現場でピアノを弾く私たちの意識としては「弱い」「ふつう」「強い」の３段階もあれば十分！

強く弾くときはとことん大きく、弱いときはほんとに小さく弾けばいいのです。

やりすぎじゃない？　と思ったくらいでちょうどいいものです。

２小節以上あるクレシェンドを弾くときはわざとクレシェンドの前に音を小さくするのもポイント。

ふつうから強く弾いてもあんまり音量差はありませんが、弱から強にすれば聞いてるほうも十分「お、強くなったな」とわかりやすいです。

② 右手７：左手３の強さで！

「指の力」は右手が７。左手が３。これがベストポイント。

実は音は高い音ほど薄く聞こえて、低い音ほど厚く聞こえます。

この楽譜だと高いメロディを弾く右手が１音、低い和音を弾く左手２音のパターンがほとんどです。

すると指の力は７：３でも、実際に耳にはだいたい５：５。ちょっと右手が強いかな？　程度に聞こえるのです。

これは慣れが必要なテクニックですが、まずは右手だけ強く弾いて、次は左手だけ弱く弾く練習などをして、右手左手で別々の大きさの音が出せるように練習しましょう。

③ ピアノよりも大きな声で！

ピアノが苦手な人はどうしてもピアノを弾くのに意識が集中して、大きな声を出しにくくなってしまいます。

そうなると、ただでさえ苦手なピアノに加えて声がボソボソ…すると、聞いている人は「そんなに自信ないの?!」とさらに悪い印象を持ってしまいます。

とりあえず、ピアノの音よりも大きな声で歌ってピアノの音を隠してしまいましょう。

どんなテクニックも毎日の
積み重ねでレベルアップできます。
忙しい毎日でも、
１日 10 分でもいいですから
ピアノを触る習慣を
身につけましょう。

知ットク！ 3

美音効果バツグン！

一流「ペダリスト」への道

ピアノの下に付いているペダル。なんだかよくわからないし、弾くので精いっぱいだから
足なんて使ってらんない！　と思っていませんか？
でも実はペダルを使いこなしている人は、あなたよりもずっと「ラク」をしているのです！
うまい人がラクしてもっとキレイに聞こえて、がんばって弾いてるあなたがキレイに聞こえないなんてズルい！　ペダル格差社会！
というわけで、あなたもペダルを使いこなして一流「ペダリスト」になっちゃいましょう。

ペダルに隠されたすごい美音効果！

1 なんだかキレイに聞こえる！

踏むだけで音が広がって聞こえるので、なんとなくキレイに感じます。

加えて、アルペジオを弾いたときでも和音の響きになるので、ゆったりとした曲に厚みが出て豪華に聞こえますよ。

2 次の音を弾くまでに余裕がある！

これが実はかなり重要な効果です。

ペダルを踏まないと、指を放せば音はプッツリ…。

だからどうしても音符の長さどおりにしっかりと指を押していないといけません。

でも、ペダルを使えば指を放しても音は続きます。

その間に次の音に指を置けば余裕を持って弾けるので、速い曲を弾くときには効果絶大！

ペダルってどんな効果があるの？

ペダルの効果はピアノの種類で違うので注意。
あなたの使っているピアノはどれですか？

〈グランドピアノ〉

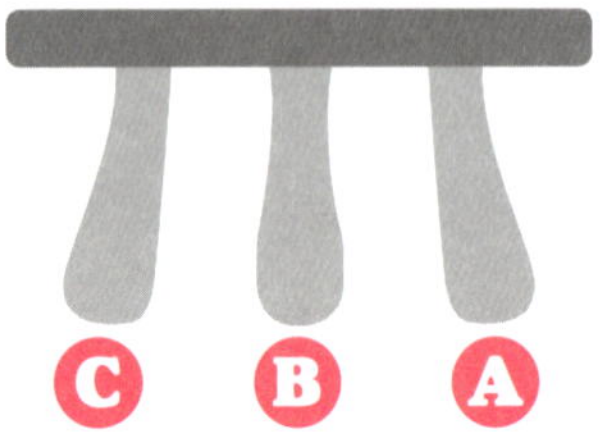

〈アップライト〉

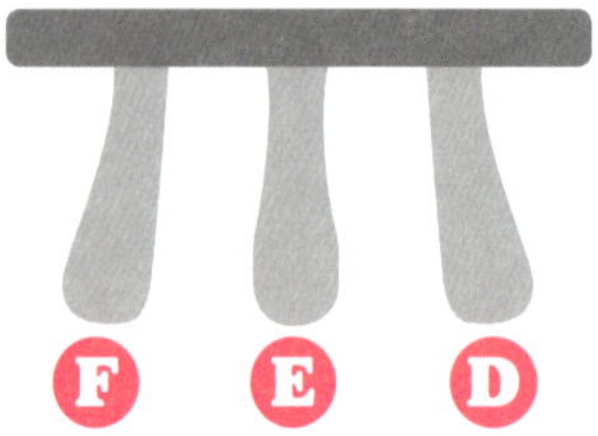

〈電子ピアノ〉

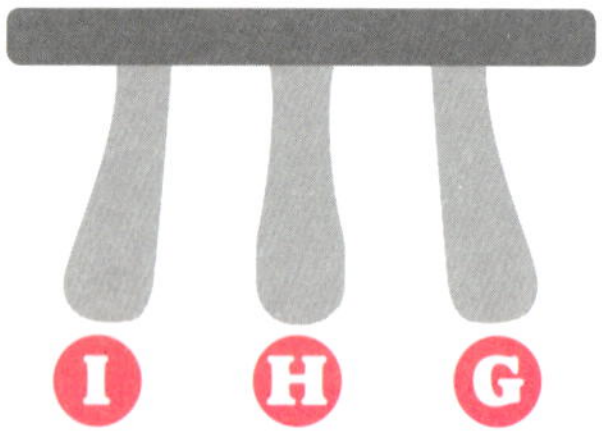

A ダンパー
音を響かせて美しくするペダル。
この本で「ペダル」と言う場合はこのペダルを指します。

B ソステヌート
鍵盤を押しながら踏むと、そのとき押している音だけが響いて、ほかの鍵盤はふつうの音というちょっと特殊なペダル。

C ソフト
音量を少し下げて、音を柔らかくする効果です。

D ダンパー
アップライトでも音を響かせて美しくするペダル。
このペダルだけは外せません！

E マフラー
音量を小さくするペダル。踏んで左にずらすと固定。
家での練習に最適。

F ソフト
音量を少し下げますが、グランドピアノのように音が柔らかくなることはありません。そして、弾いた指の感覚が変わります。

G ダンパー／サスティン
やっぱり音を響かせて美しくするペダル。しかしほかの弦との共鳴がない分、重厚さには欠けます。また、電子ピアノ・キーボードの場合は「サスティンペダル」と呼ばれる場合も多いのでご注意。

H ソステヌート
グランドと同じ。鍵盤を押しながら踏むと、そのとき押している音だけが響きます。

I ？？？
メーカーや機種によってはペダルが２本しかないものも多いです。また機種によって機能がそれぞれ違うのでここでは説明できません。

※電子キーボードだとペダルが別売りの物もあります。ぜひ買って付けましょう！　ラクさがぜんぜん違いますよ！

「ペダリスト」への道　その1

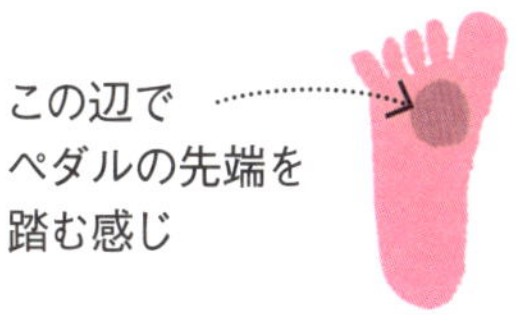
この辺で
ペダルの先端を
踏む感じ

〈 ダンパーペダルの記号 〉

Ped.　＝ペダルを踏む

✽　＝ペダルを放す

〈 正しい踏み方 〉

右足のかかとを床に着けて、足の前の方で踏みます。ノリとしては自動車のアクセルを踏むときと同じです。

踏むときはアクセルと同じように「じっくりと」！

ガツンと踏むと、その衝撃で全部の弦からヘンな音が鳴ってしまいます。

「ペダリスト」への道　その2

踏むタイミング…同時はダメ！

ペダルは「鍵盤を押した直後に踏む」が鉄則です。

打鍵と同時に踏むと、音が濁って変な音が鳴ってしまいます。

タイミングの具体的な説明は難しいですが、打鍵から 0.2 秒遅く、くらいでしょうか。

ペダルを放すのは次の打鍵の直前に。

まずはゆっくりな曲で練習して慣れましょう。

ペダルの練習の場合、両手で弾く必要はないので、片手と足に集中して「押したら踏む…押したら踏む…」を何度も繰り返せば、そのうち慣れます。

ペダルを放す記号がなくて、またペダルを踏む記号が連続で出てくる場合が多いです。

そのときは放す記号がなくても、次のペダルを踏む記号の前に放しましょう。

〈 タイミングのイメージ 〉

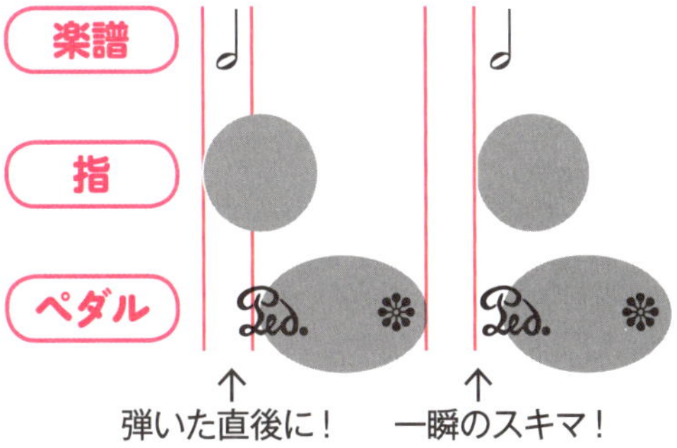
楽譜
指
ペダル
Ped.
✽
Ped.
✽
弾いた直後に！
一瞬のスキマ！

これが
マスターできれば
あなたも
一流「ペダリスト」！

「ペダリスト」への道　究極奥義

アドリブでペダルを踏むタイミングはココ！

でも、やっぱりペダルマークがないと、どこでペダルを踏めばいいか迷いますよね。でもこの本には心強いヒントが！

それは「コード」です。コードが書いてあるタイミングで踏めばOKです。1小節に2つコードがあればその度に。4つあれば4回踏みましょう。ただし同じコードが2小節以上続く場合は、1小節が終わったら踏み直したほうがキレイです。

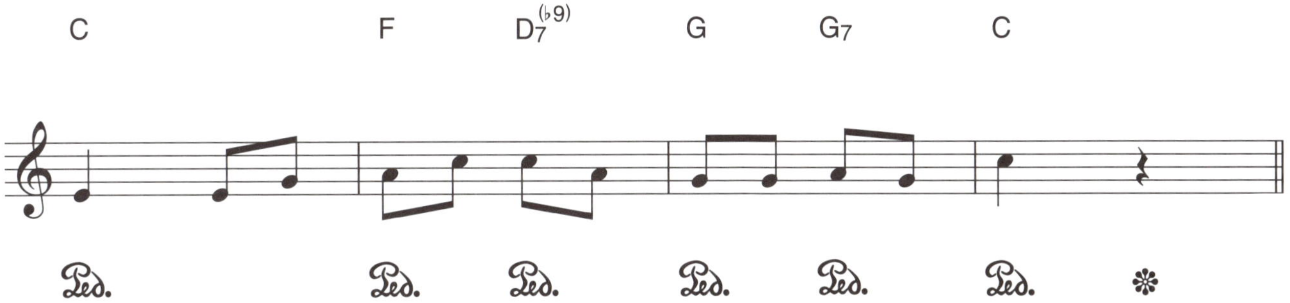
C
F
D7(♭9)
G
G7
C
Ped.
Ped.
Ped.
Ped.
Ped.
Ped.
✽

本書の特長と使い方

本書は現場の先生が「そう！　この曲の楽譜が欲しかったの！」と思える曲を
集めた楽譜集です。つまり保育のマストソング集です！

特長1　保育のマストソング130曲

現場でかならず使える役だつ曲を130曲集めました。年齢別の今月の歌や、季節やイベントの歌、発表会や卒園式の歌など、保育のマストソングばかりです。

特長2　やさしい編曲で3音以上は使いません。

本書の楽譜は一度に3音以上は使っていません。メロディも弾きやすいように、同じ音の連打などは避けるなどの工夫をして、やさしい編曲にしてあります。でも聴き栄えはとてもステキ！　一度弾いて確かめてみてください。

特長3　見やすい、本当に使える楽譜

ピアノを弾きながら歌う…これは現場ではあたりまえ。本書の楽譜は、音符も見やすく歌詞も目に飛び込んでくるように工夫された、弾き歌いにピッタリの楽譜です。

特長4　弾き方ひとつで劇のBGMにも

メロディラインがしっかり入っている本書の楽譜なら、実は弾き方ひとつで劇のBGMにも使えます。いろいろな曲を試してみてくださいね！

使い方

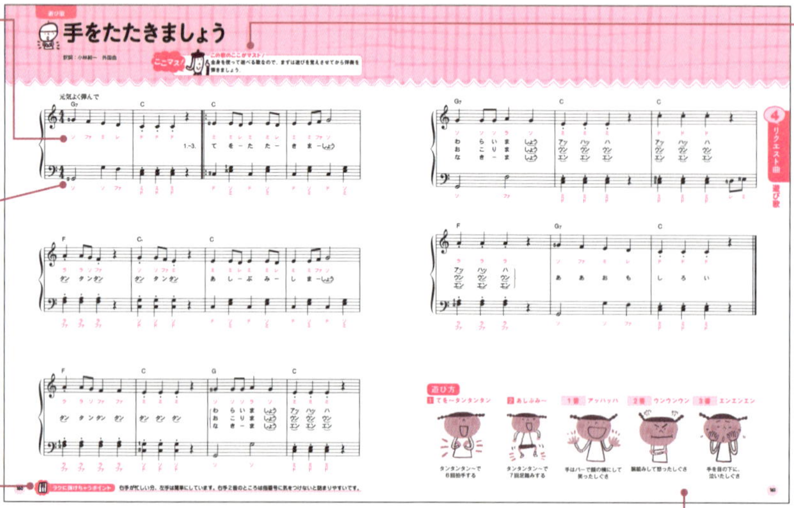

ドレミのふりがな
すべての音符にドレミのふりがなが付いているので、音符を読むのが苦手でもだいじょうぶ。すぐに弾き始められます。

指番号
本書では指番号をていねいに振っています。実は運指はピアノをちゃんと弾くうえでとても大切な要素。これを守れば初心者の方でも安心です。

ここマス！
（この歌のここがマスト！）各曲になぜこの歌が保育のマストソングなのかを解説しています。保育で使える情報がいっぱいです。

ラクに弾けちゃうポイント
すべての楽譜にピアノの弾き方のポイント解説を掲載。実際に弾くときに役だつ、編曲者からのアドバイスです。

遊びのアイディア
手遊び、歌遊びがある曲では、遊び方を紹介しています。子どもたちと歌って遊んでください。

1

保育者マスト！
3・4・5歳児の今月のうた

～歌の基本・ピアノの基本 36 ～

この章では保育者に必須の歌を厳選してみました。
ピアノ初心者でも弾きやすいように、特にカンタンにアレンジしてあります。
まずはこの章をマスターしてピアノと歌の第一歩を始めましょう。

ちょうちょう

訳詞：野村秋足　スペイン民謡

ここマス！

この歌のここがマスト！

たったの５音なのにメロディに跳躍や音階が詰まっている子どもの歌の基礎です。まずはこの歌で音感を育てましょう。

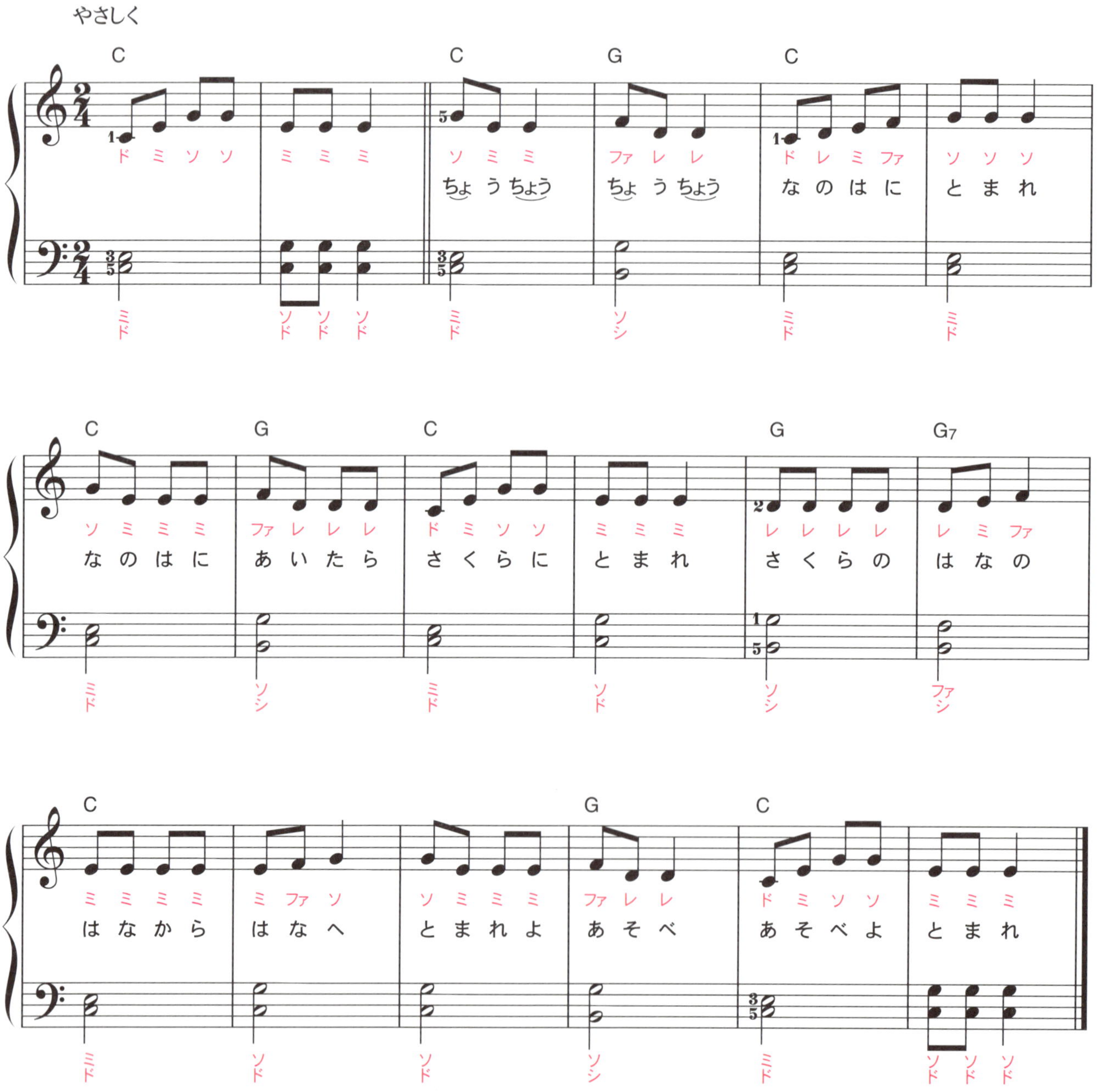

ラクに弾けちゃうポイント　右手はドに親指、ソに小指を置いたら弾けます。左手もあまり動かないのでピアノ練習の１曲目に最適。

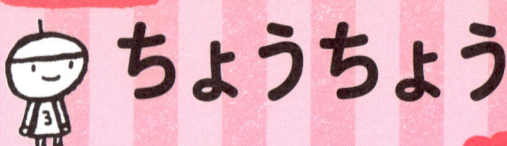

こいのぼり

作詞：近藤宮子　無名著作物

ここマス！

この歌のここがマスト！
端午の節句は旧暦では初夏。その情緒を感じさせるゆったりとした名曲。歌う前にこいのぼりの用語を教えてあげましょう。

ゆったりと流れるように

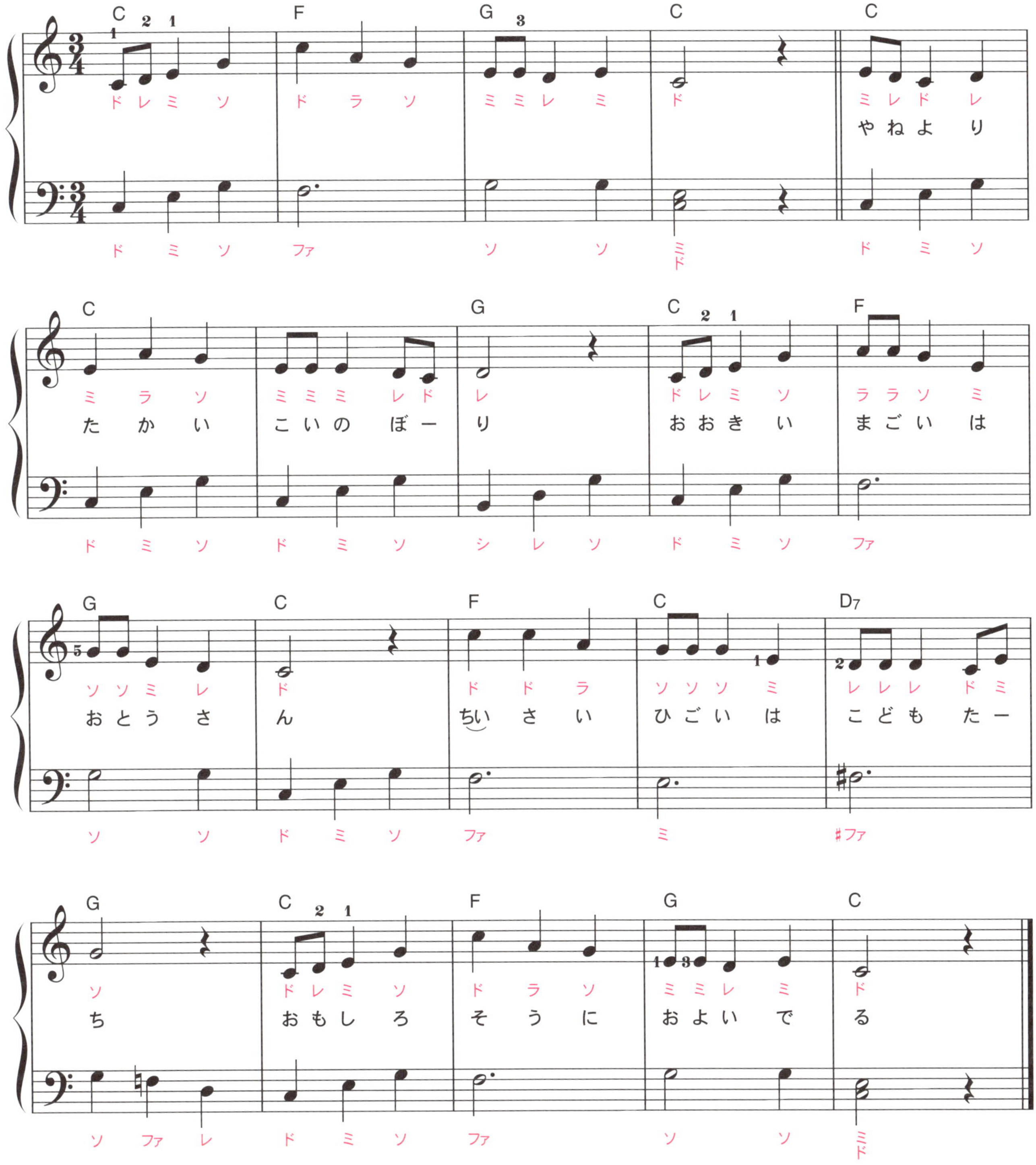

ラクに弾けちゃうポイント　右手の指くぐりに注意。左手はほとんど動きません。ペダルの練習にも向いている曲です。

かえるの合唱

訳詞：岡本敏明　ドイツ民謡

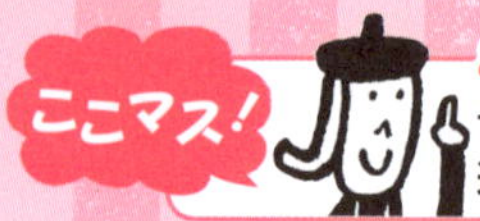

この歌のここがマスト！
子どもの大好きなオノマトペの歌。音階をしっかりと歌う練習に最適。慣れてきたら輪唱にも挑戦できます。

元気よく

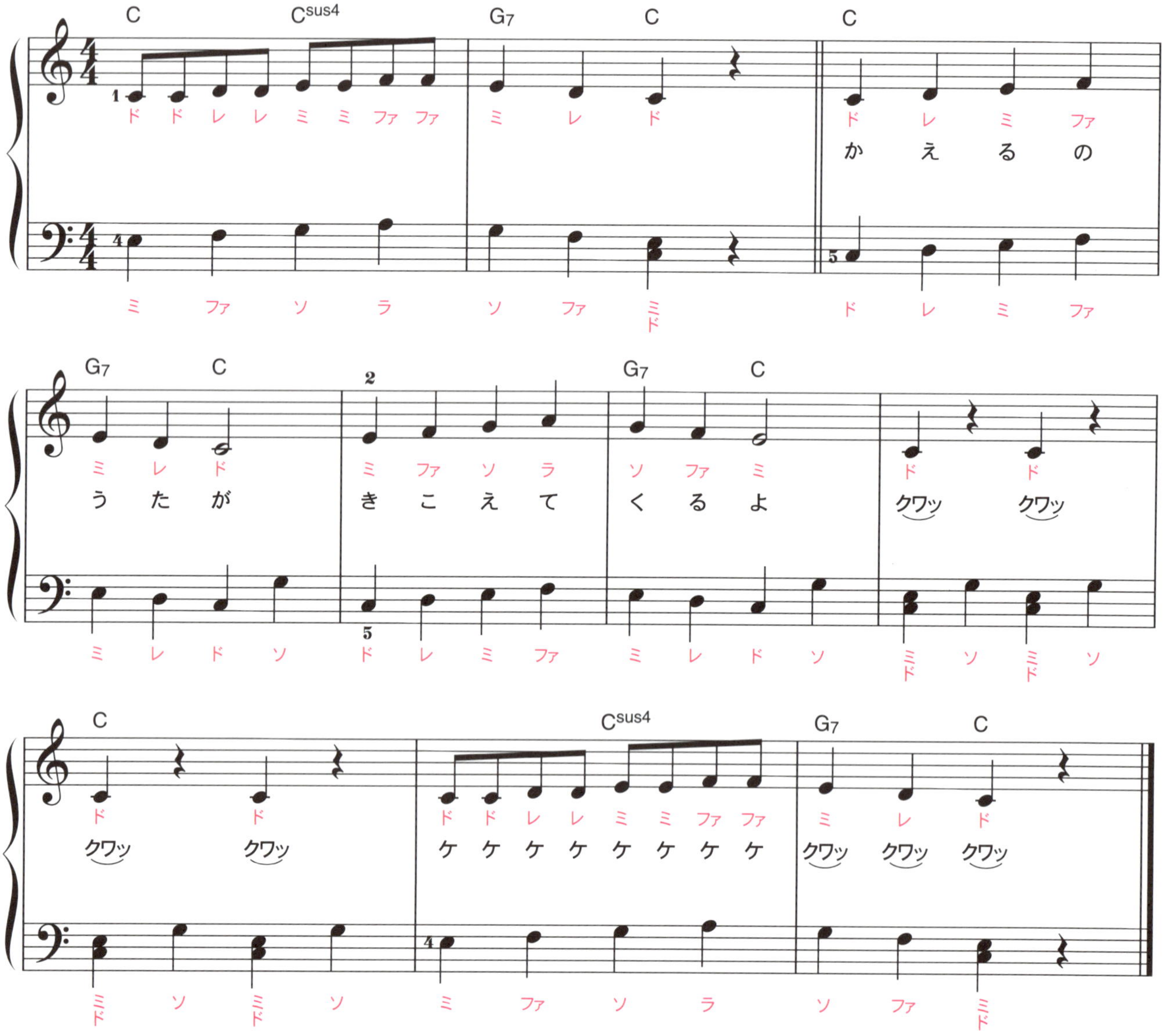

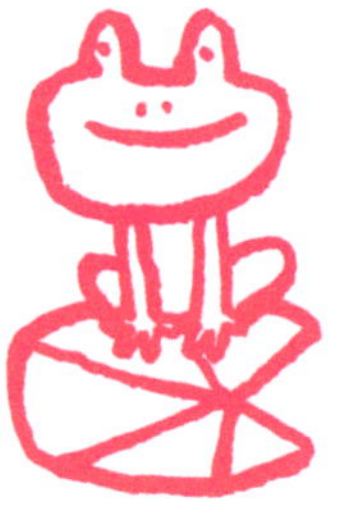

ラクに弾けちゃうポイント　最後から２小節目だけ右手の連打と左手の指番号が同時にくるので、見逃さないように。

たなばたさま

作詞：権藤はなよ（補作詞　林柳波）
作曲：下総皖一

ここマス！

この歌のここがマスト！
全体的に高い音のメロディが多いので、高音をしっかり歌う練習にいい曲です。歌詞の説明も忘れずに2番まで歌いましょう。

優雅に流れるように

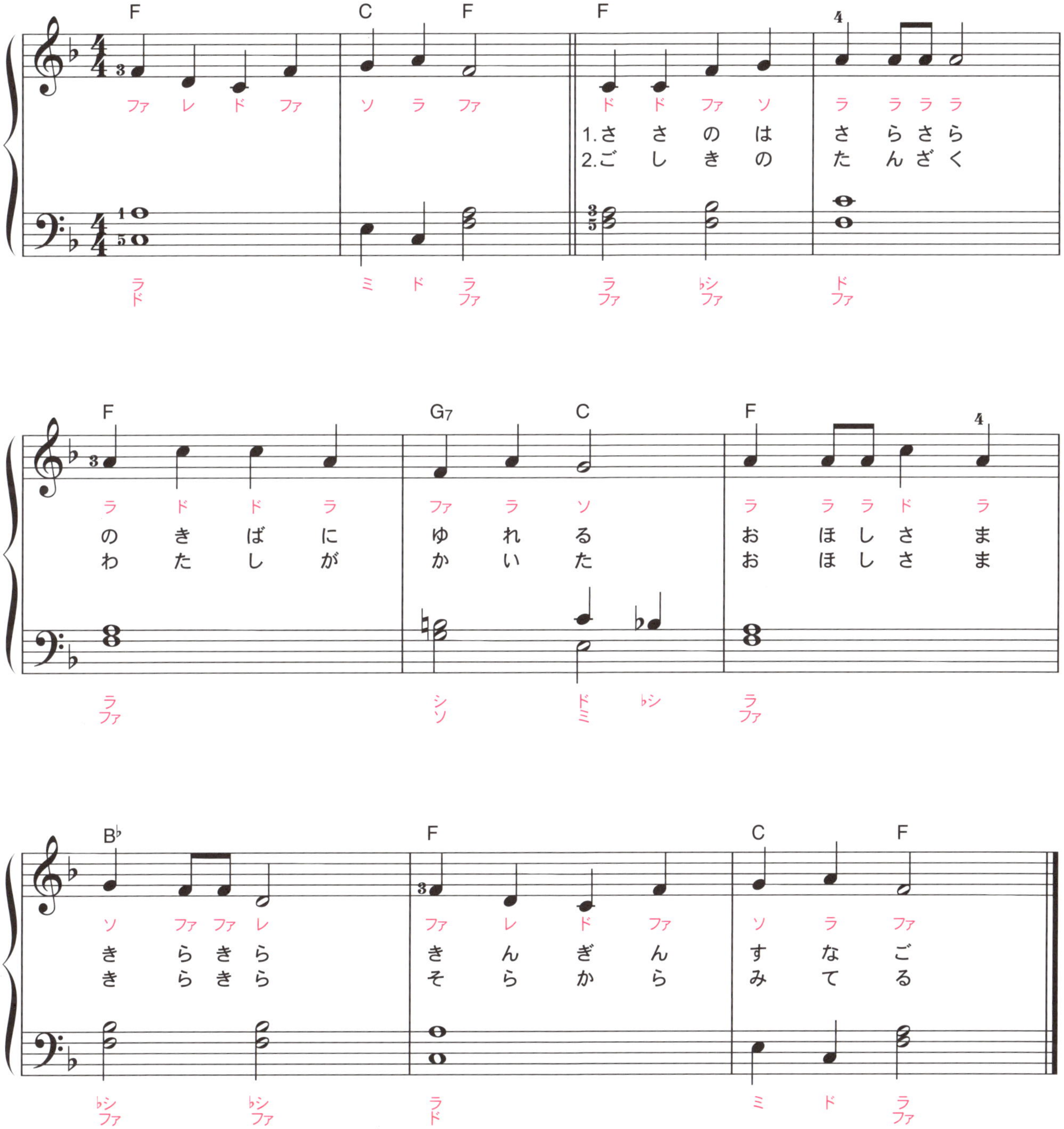

ラクに弾けちゃうポイント　左手最後の小節の指の動かし方は、ほかの曲でもよく出てくるので慣れておきましょう。

うみ

作詞：林柳波　作曲：井上武士

ここマス！

この歌のここがマスト！
いきなりラから始まる少し難しい歌。高い音からのスタートが苦手な子も多いので歌う前に何度かラを弾いてあげましょう。

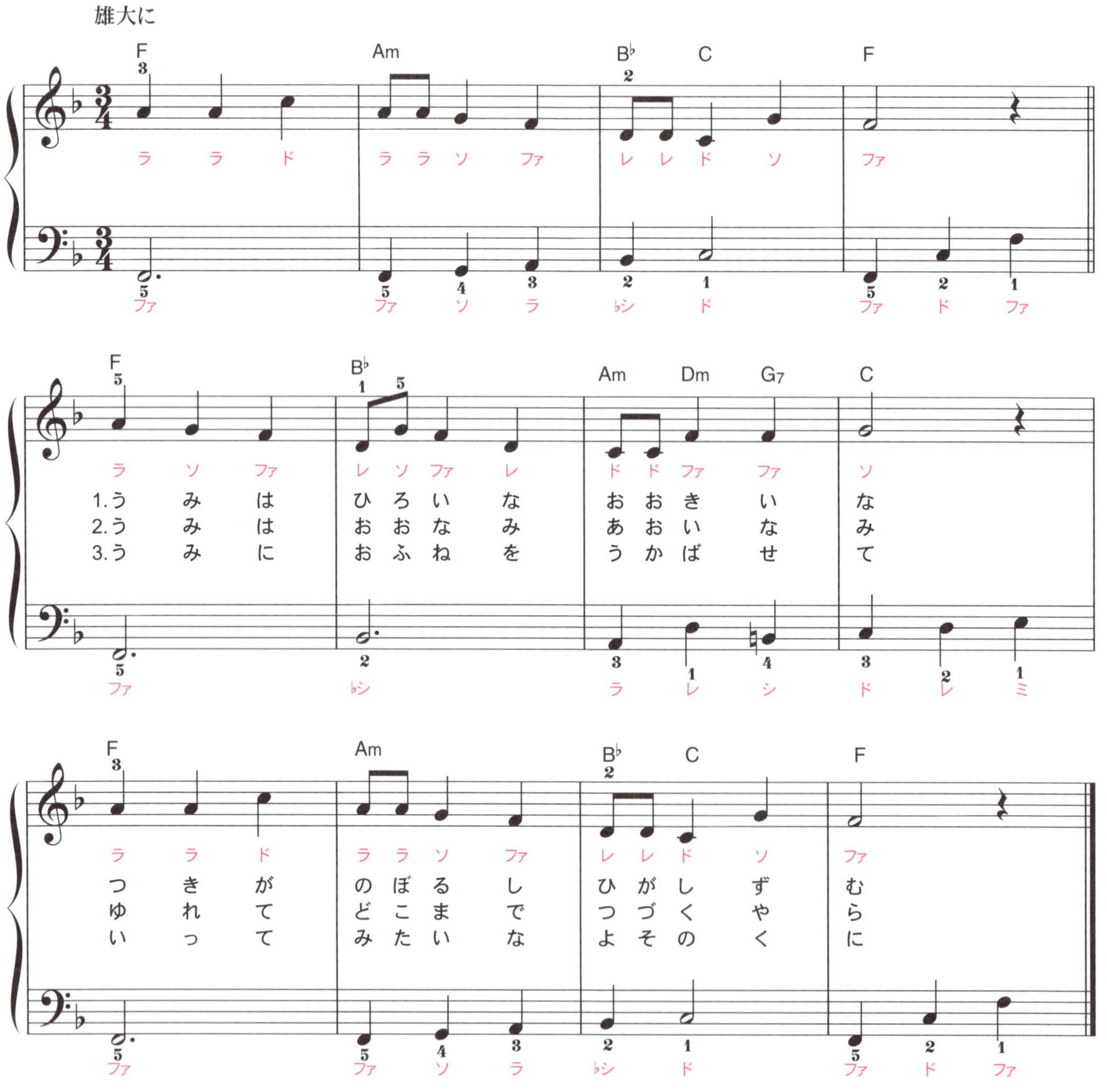

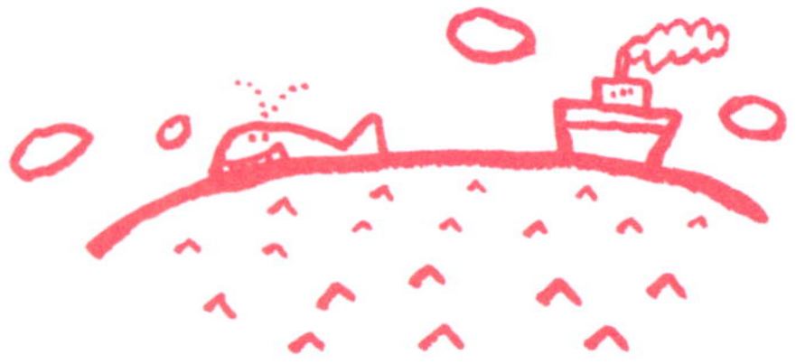

ラクに弾けちゃうポイント　難しいところはありませんが、指番号を意識して練習しましょう。

大きな栗の木の下で

作詞：不詳　イギリス民謡

ここマス！

この歌のここがマスト！
手遊びといっしょに歌える名曲です。ソから上のドまで飛ぶのが２か所あるので高い音に飛ぶ練習にいいでしょう。

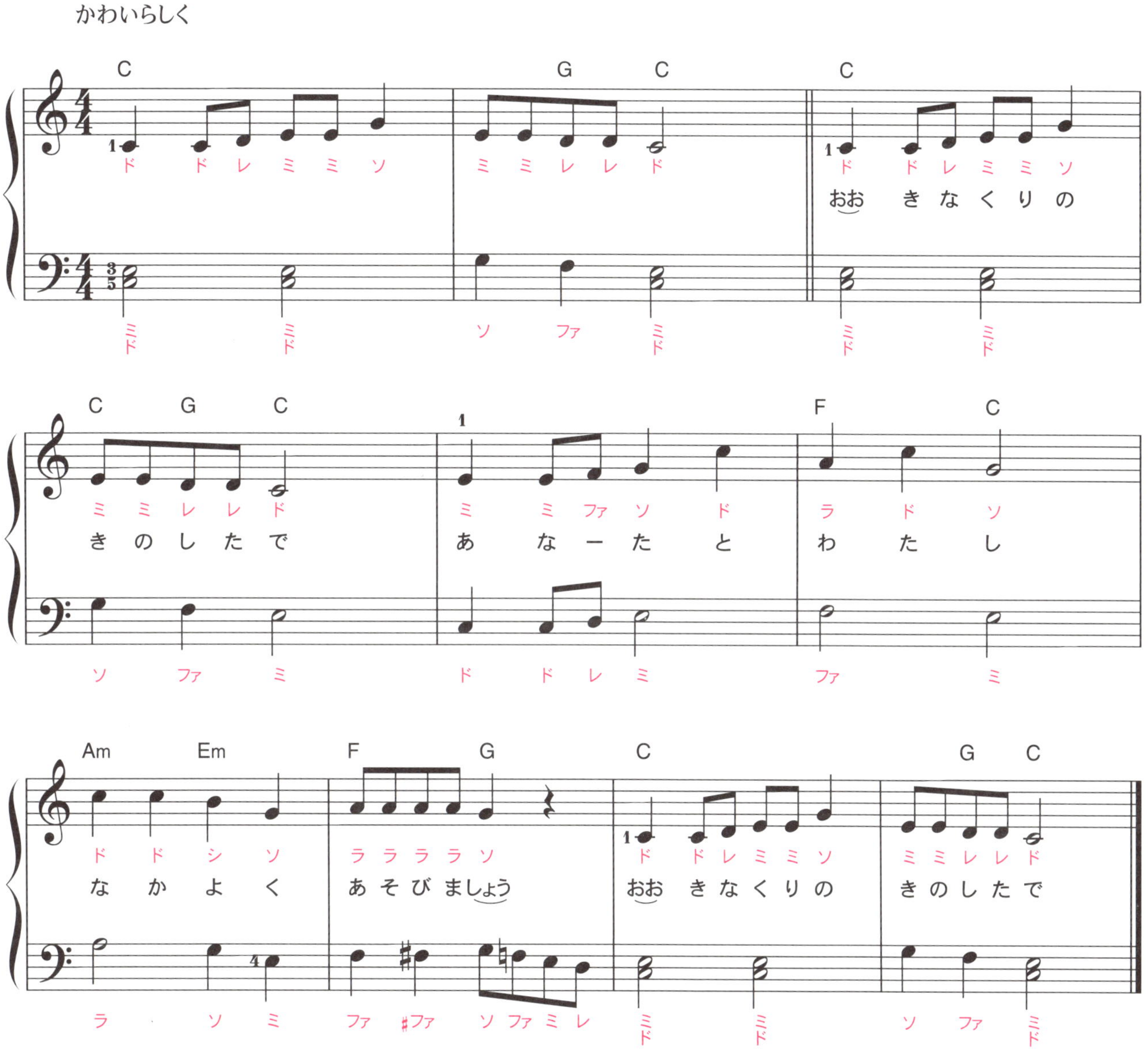

遊び方

1 **おおきなくりの**
両手で頭の上に円を作る

2 **きの**
両手を頭に当てる

3 **した**
両手を両肩に当てる

4 **で**
両手を下におろす

5 **あなたと**
ひとさし指で相手を２回指さす

6 **わたし**
ひとさし指で自分を２回指さす

7 **なかよく**
腕を肩に当て交差させる

8 **あそびましょう**
交差させたまま左右に体を揺らす

9 **おおきなくりのきのしたで**
1～4と同じ

ラクに弾けちゃうポイント 初心者の両手の練習にちょうどいい難易度です。指番号さえ守れば詰まるところはないと思います。

どんぐりころころ

作詞：青木存義　作曲：梁田貞

ここマス！

この歌のここがマスト！
「どんぐりこ」じゃありませんよ。２番の歌詞まで理解させて優しい気持ちを育てましょう。

やさしく
1.どんぐり ころころ どんぶりこ おいけに はまって
2.どんぐり ころころ よろこんで しばらく いっしょに
さあたいへん どじょうが でてきて こんにちは
あそんだが やっぱり おやまが こいしい
ぼっちゃん いっしょに あそびましょう
と ないては どじょうを こまらせた

ラクに弾けちゃうポイント　全体的に指番号をしっかり守って。イントロが難しいかもしれませんが、力まないように注意してください。

小ぎつね

訳詞：勝承夫　ドイツ民謡

ここマス！

この歌のここがマスト！

11月の曲としていますが、実は１～３番で季節が変わっています。冬眠するキツネのようすを思いやる心が欲しいですね。

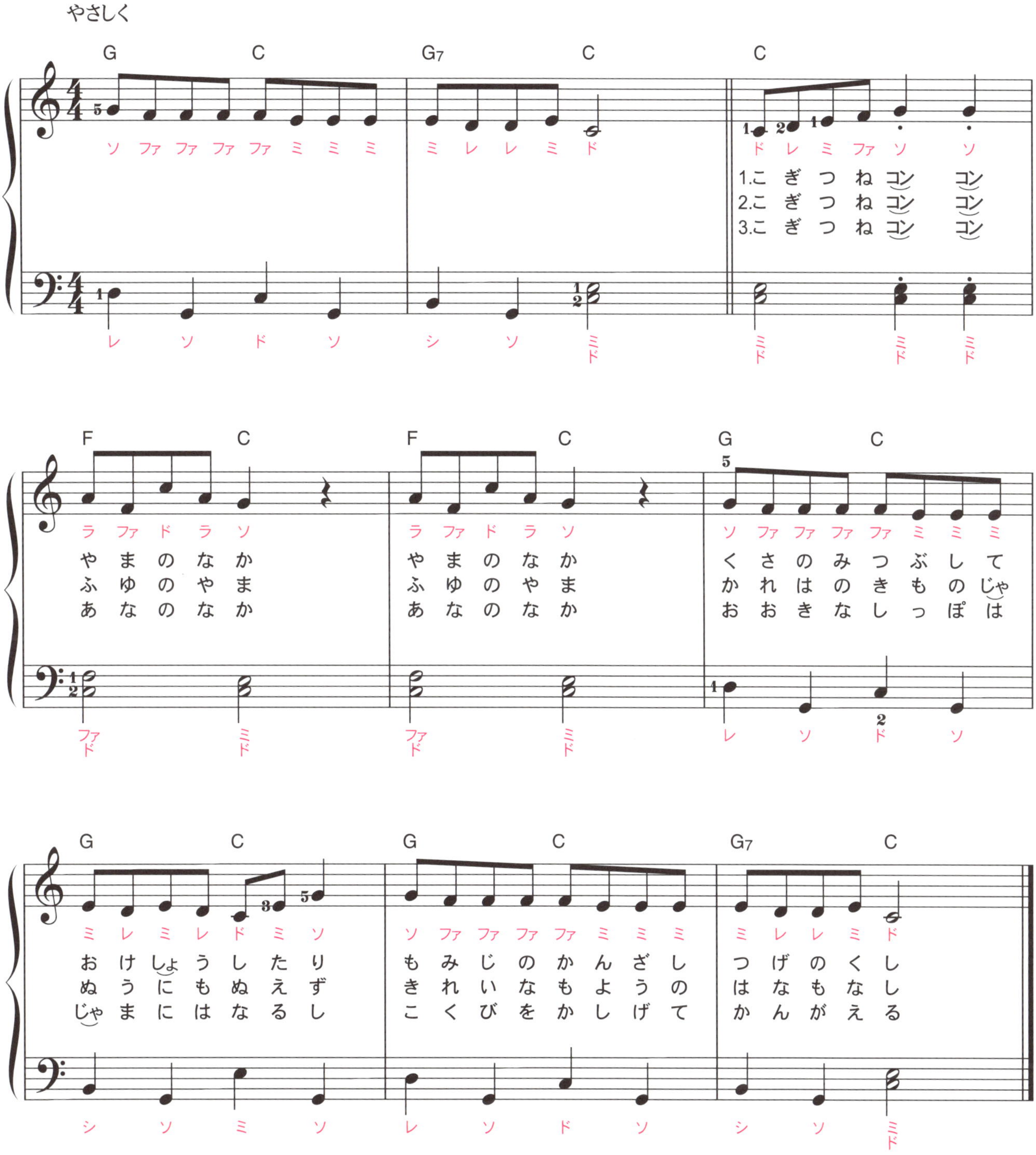
やさしく
G C G7 C C
ソ ファ ファ ファ ファ ミ ミ ミ　ミ レ レ ミ ド　ド レ ミ ファ ソ ソ
1.こぎつねコンコン
2.こぎつねコンコン
3.こぎつねコンコン
レ ソ ド ソ　シ ソ ミド　ミド ミド ミド
F C F C G C
ラ ファ ド ラ ソ　ラ ファ ド ラ ソ　ソ ファ ファ ファ ファ ミ ミ ミ
やまのなか　やまのなか　くさのみつぶして
ふゆのやま　ふゆのやま　かれはのきものじゃ
あなのなか　あなのなか　おおきなしっぽは
ファド ミド　ファド ミド　レ ソ ド ソ
G C G C G7 C
ミ レ ミ レ ド ミ ソ　ソ ファ ファ ファ ファ ミ ミ ミ　ミ レ レ ミ ド
おけしょうしたり　もみじのかんざし　つげのくし
ぬうにもぬえず　きれいなもようの　はなもなし
じゃまにはなるし　こくびをかしげて　かんがえる
シ ソ ミ ソ　レ ソ ド ソ　シ ソ ミド

ラクに弾けちゃうポイント　後半の左手と右手の連打が少し難しいので、リズムが転ばないように気をつけてください。

お正月

作詞：東くめ　作曲：滝廉太郎

ここマス！

この歌のここがマスト！
日本の伝統的な遊びを教えるのに最適な曲。みんなお正月に何する？　というコミュニケーションにも使えます。

はれやかに

ラクに弾けちゃうポイント　3段目の右手がしっかりと弾けるテンポで弾き始めないと後で大変です。4段目の左手の指番号にも注意。

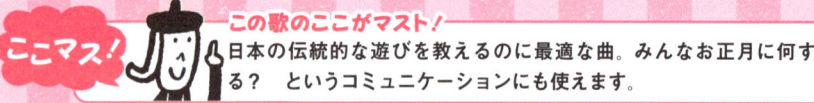

雪

文部省唱歌

ここマス！

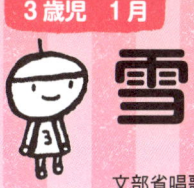

この歌のここがマスト！
２番が有名な歌ですが、１番の風景を想像させる歌詞も心の栄養になります。

やわらかく軽快に

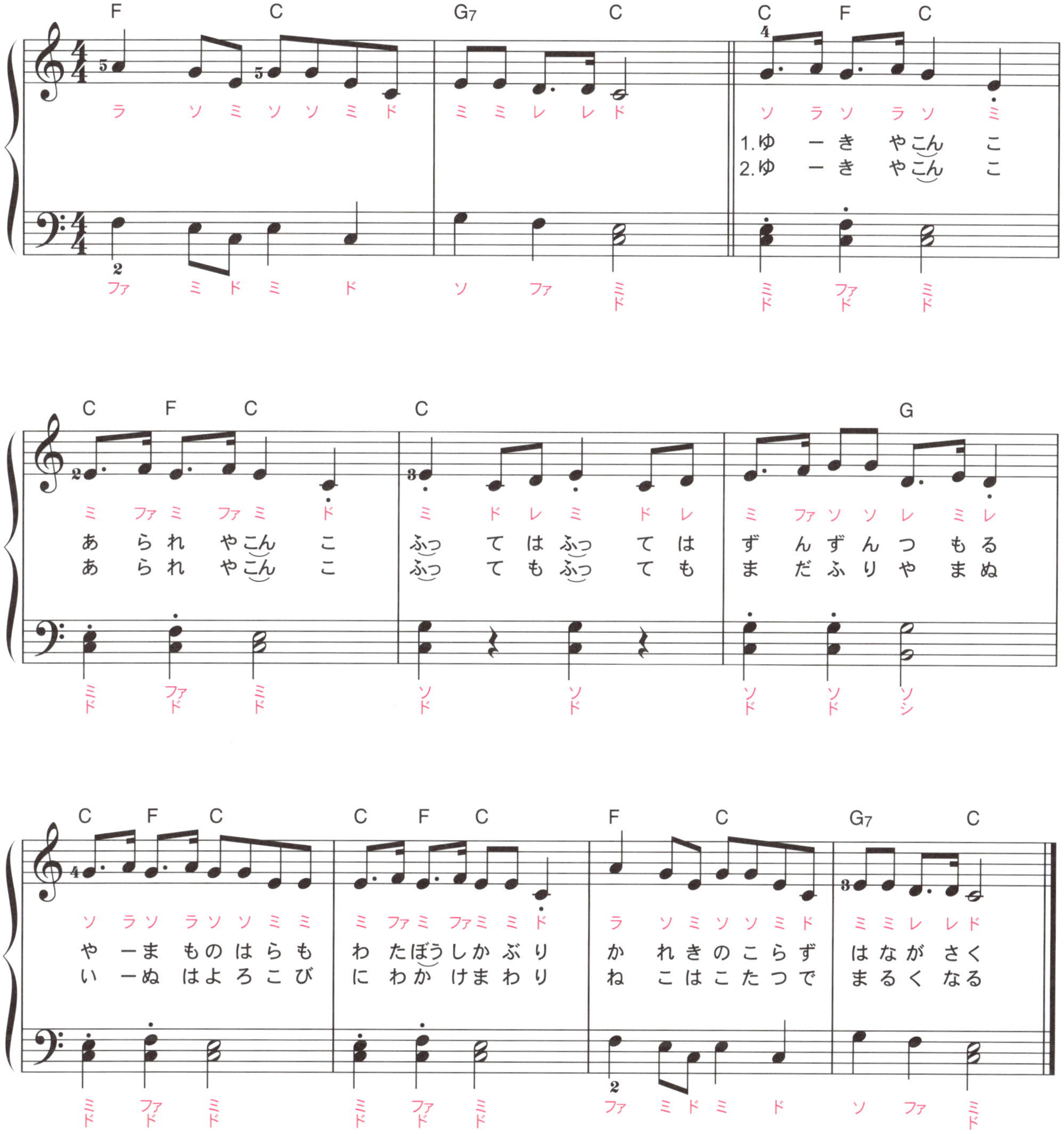

ラクに弾けちゃうポイント　スタッカートとふつうの音の区別をしっかりつけるように意識してください。

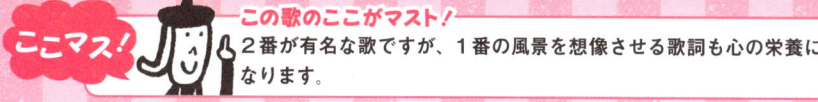

豆まき

作詞：日本教育音楽協会
作曲：日本教育音楽協会

ここマス！

この歌のここがマスト！
鬼を祓（はら）い福を呼ぶ伝統行事。節分に関する昔話はたくさんありますから、いろいろと子どもたちに読んであげましょう。

ラクに弾けちゃうポイント 左手がよく動くので注意してください。「ぱらっぱらっ」が重くならないように軽快に弾きましょう。

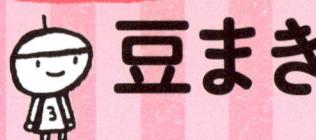

おはながわらった

作詞：保富庚午　作曲：湯山昭

ここマス！

この歌のここがマスト！
お花に顔をイメージするのは優しさでもあります。植物に対しての優しい心を育てましょう。

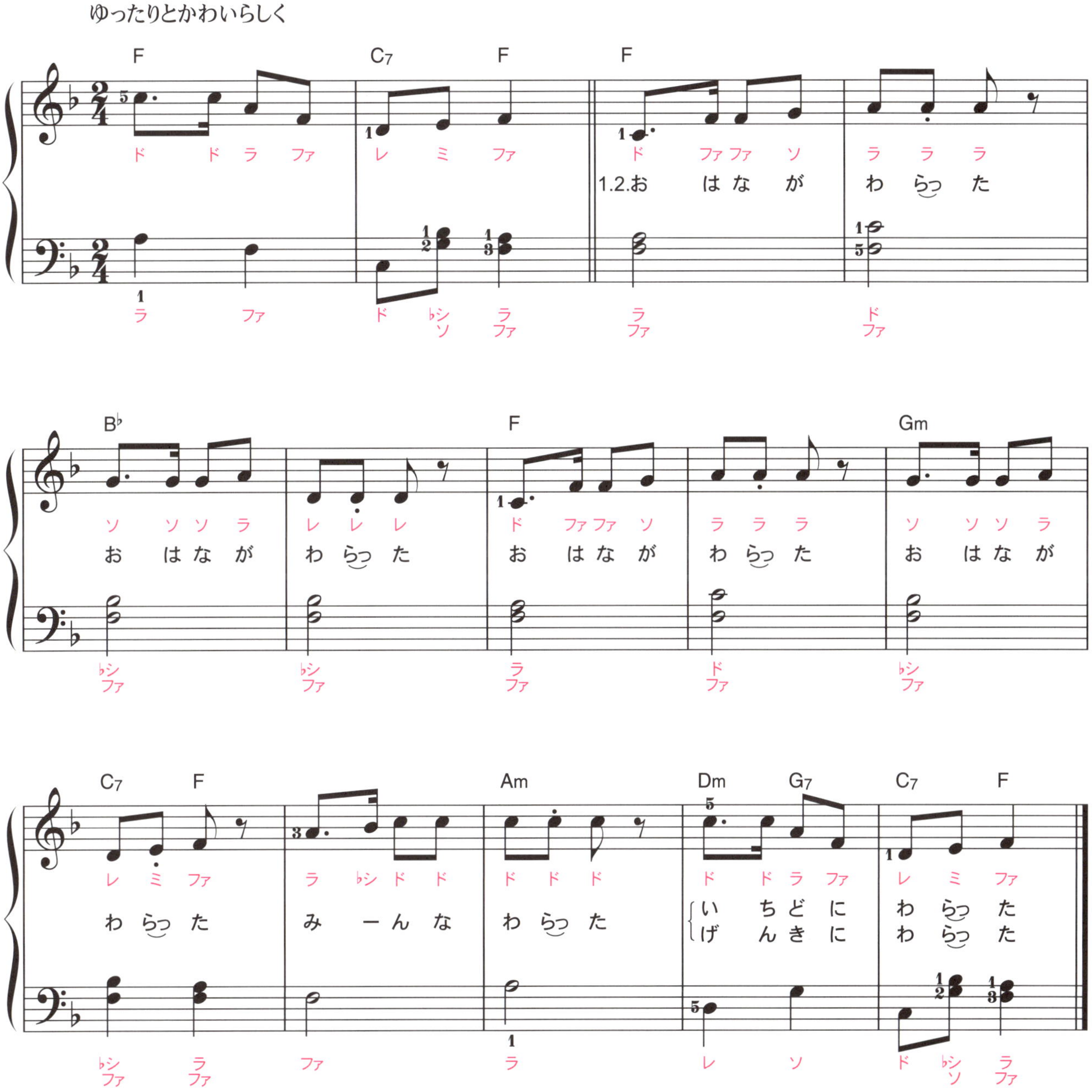

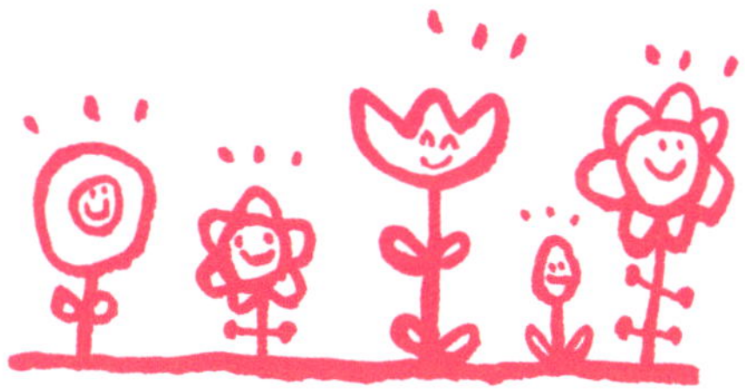

ラクに弾けちゃうポイント　左手のファがほとんど動かないのでカンタンです。ゆったりと優しく弾けるように意識してください。

かわいいかくれんぼ

作詞：サトウハチロー　作曲：中田喜直

ここマス！

この歌のここがマスト！
ひよこがヨチヨチと遊んでいる情景をかわいらしく歌った曲です。小さい動物を愛（め）でる気持ちを大切にしましょう。

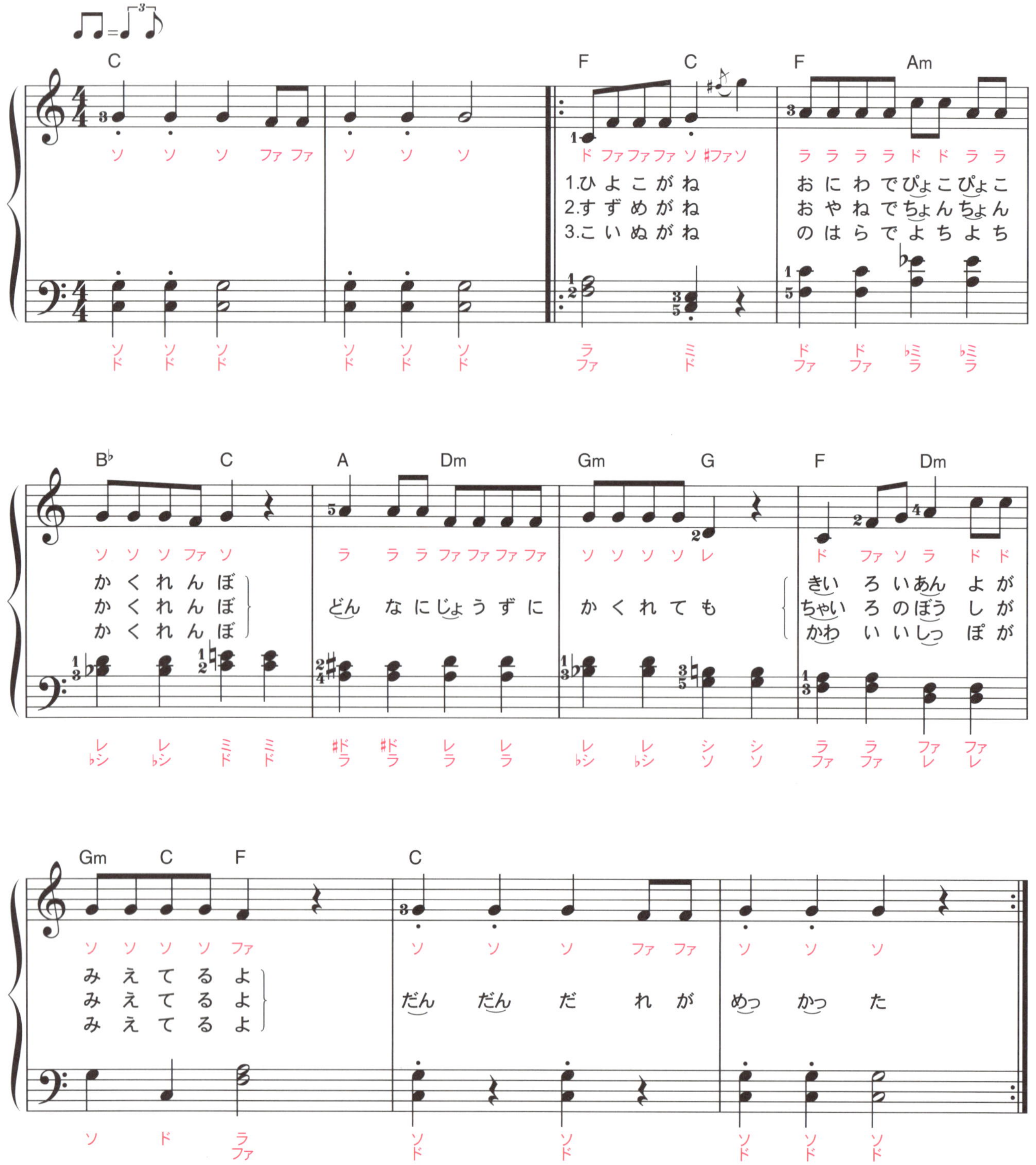

ラクに弾けちゃうポイント　右手はスタッカートがきつくならないよう優しく弾きましょう。３小節目の装飾音は無理に弾かなくてもＯＫ。

おかあさん

作詞：田中ナナ　作曲：中田喜直

ここマス！

この歌のここがマスト！
大好きなお母さんに抱き締められたときに感じるにおいはとても安心するものです。その気持ちを忘れないように。

柔らかくゆったりと
1.2.おかあさん なあに
おかあさんて いいにおい
せんたくしていた においでしょ しゃぼんのあわの においでしょ
おりょうりしていた においでしょ たまごやきの においでしょ

ラクに弾けちゃうポイント　ペダルを使うとより優しくなります。右手が２音のところは難しければ単音でもだいじょうぶです。

あめふりくまのこ

作詞：鶴見正夫　作曲：湯山昭

ここマス！
この歌のここがマスト！
ストーリー性のある童謡の傑作。雨の日と子グマのようすを想像させてほのぼのとした優しい気持ちになりますね。

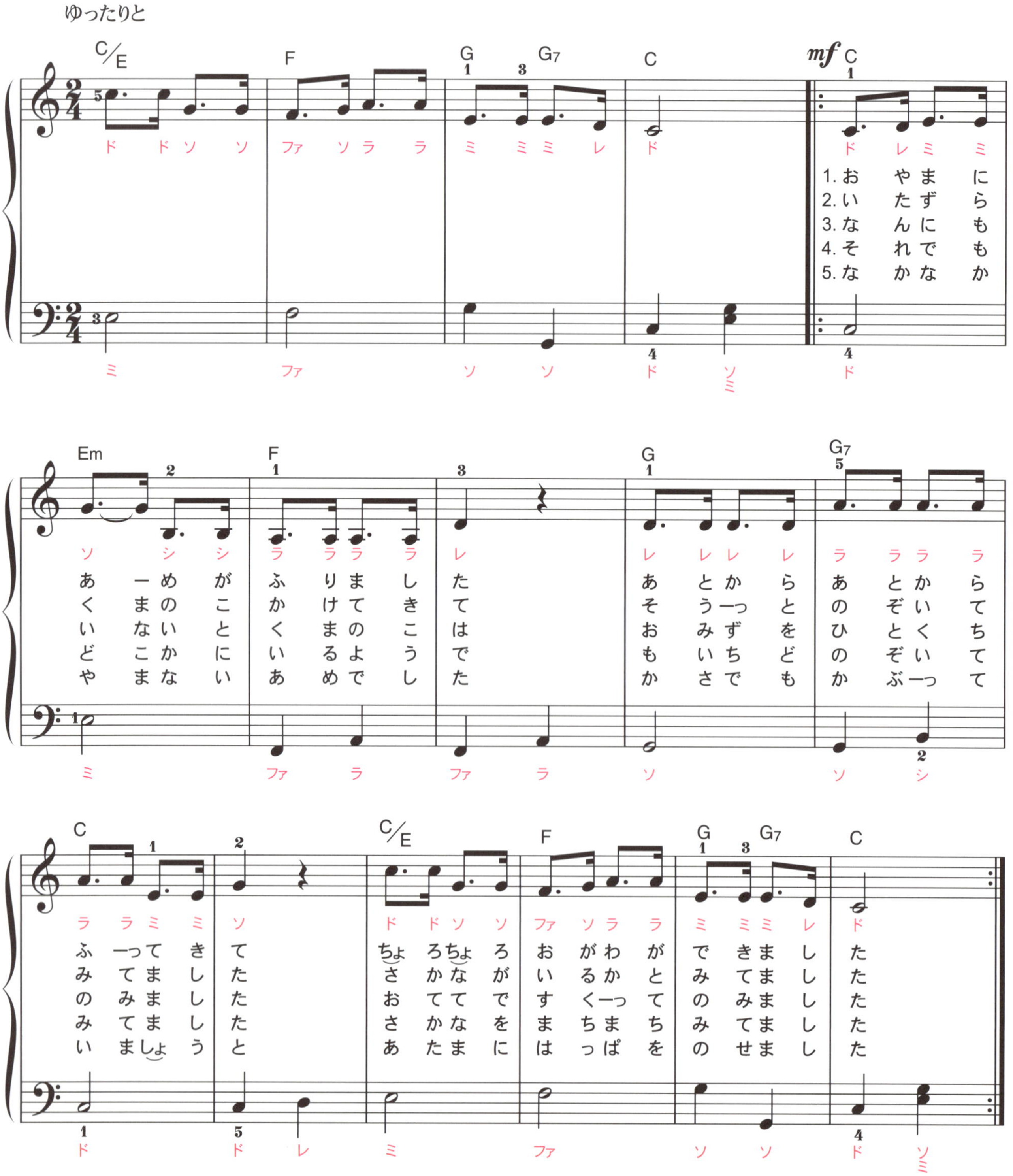
ゆったりと
mf
1. おやまに　あーめが　ふりまし　た　あとから　あとから　ふーってき　て　ちょろちょろ　おがわが　できまし　た
2. いたずら　くまのこ　かけてき　て　そうーっと　のぞいて　みてまし　た　さかなが　いるかと　みてまし　た
3. なんにも　いないと　くまのこ　は　おみずを　ひとくち　のみまし　た　おててで　すくーって　のみまし　た
4. それでも　どこかに　いるよう　で　もいちど　のぞいて　みてまし　た　さかなを　まちまち　みてまし　た
5. なかなか　やまない　あめでし　た　かさでも　かぶーって　いましょう　と　あたまに　はっぱを　のせまし　た

ラクに弾けちゃうポイント　指番号だけ少し意識しておけば、特に難しいところはありません。優しいタッチで弾きましょう。

しゃぼんだま

作詞：野口雨情　作曲：中山晋平

ここマス!

この歌のここがマスト！
子どもの大好きなシャボン玉遊びですが、はしゃぐだけではなく、ゆっくりと眺めるゆったりとした気持ちも大切に。

ゆったりと
F　C　G7　C
C　F　C
C　G　F　C　G7　C
F　Em　F　Am/F♯　G7　C
1. しゃ ぼ ん だ ま　と ん だ　や ね ま で　と ん だ
2. しゃ ぼ ん だ ま　き え た　と ば ず に　き え た
や ね ま で　と ん で　こ わ れ て　き え た
う ま れ て　す ぐ に　こ わ れ て　き え た
か ぜ か ぜ　ふ く な　しゃ ぼ ん だ ま　と ば そ

ラクに弾けちゃうポイント　右手の２拍目の指番号が書かれている部分と、左手の指を１本キープして別の指を動かすという部分に注意。

とんでったバナナ

作詞：片岡輝　作曲：櫻井順

ここマス！

この歌のここがマスト！

バナナの大冒険？の歌です。次々と変わっていくシーンを想像して楽しい気分になりましょう。

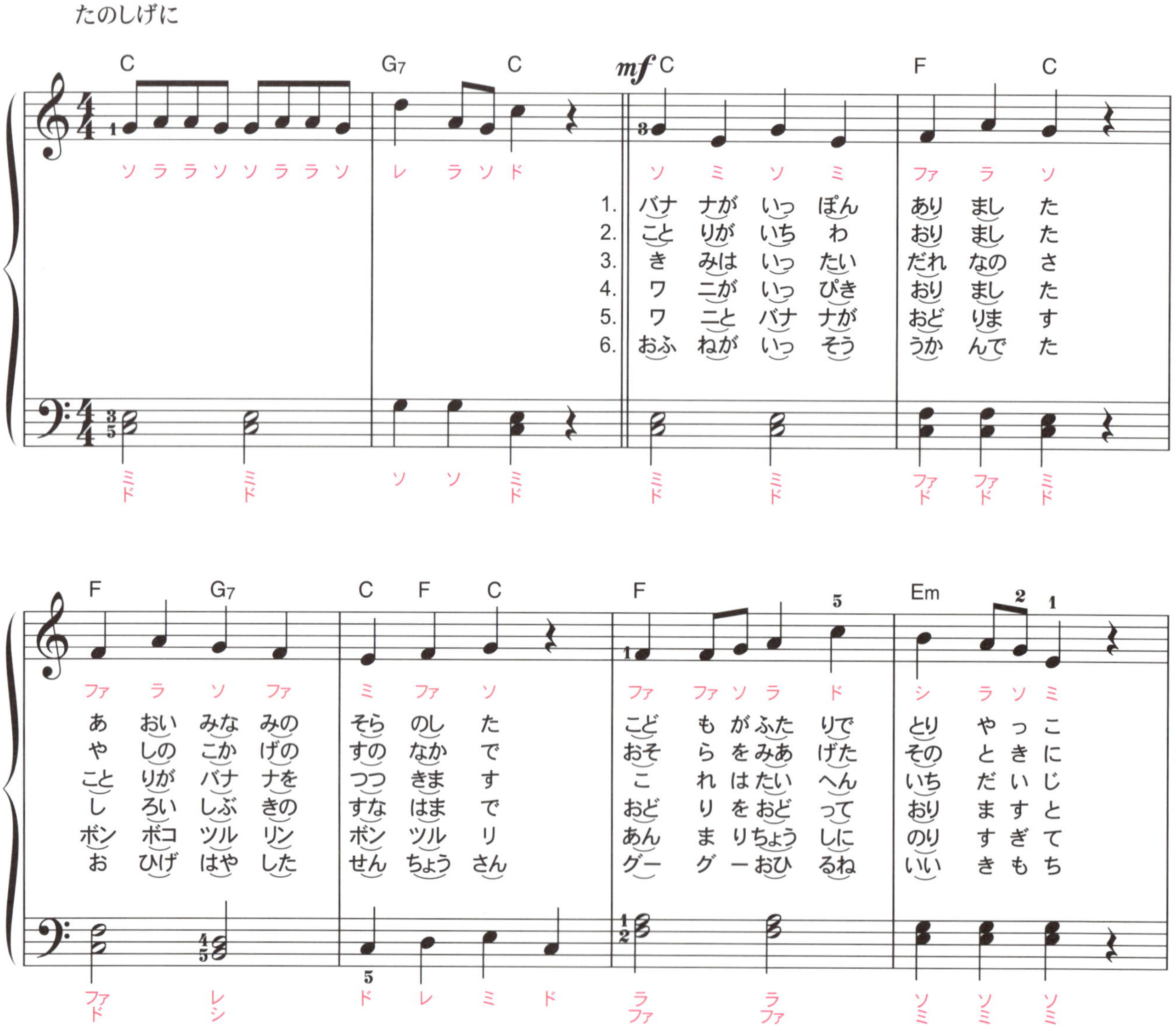
たのしげに
1. バナナがいっぽん ありました あおいみなみの そらのした こどもがふたりで とりやっこ
2. ことりがいちわ おりました やしのこかげの すのなかで おそらをみあげた そのときに
3. きみはいったい だれなのさ ことりがバナナを つつきます これはたいへん いちだいじ
4. ワニがいっぴき おりました しろいしぶきの すなはまで おどりをおどって おりますと
5. ワニとバナナが おどります ボンボコツルリン ボンツルリ あんまりちょうしに のりすぎて
6. おふねがいっそう うかんでた おひげはやした せんちょうさん グーグーおひるね いいきもち

ラクに弾けちゃうポイント 左手はあまりポジション移動がないのでカンタンです。右手は指番号を守って。

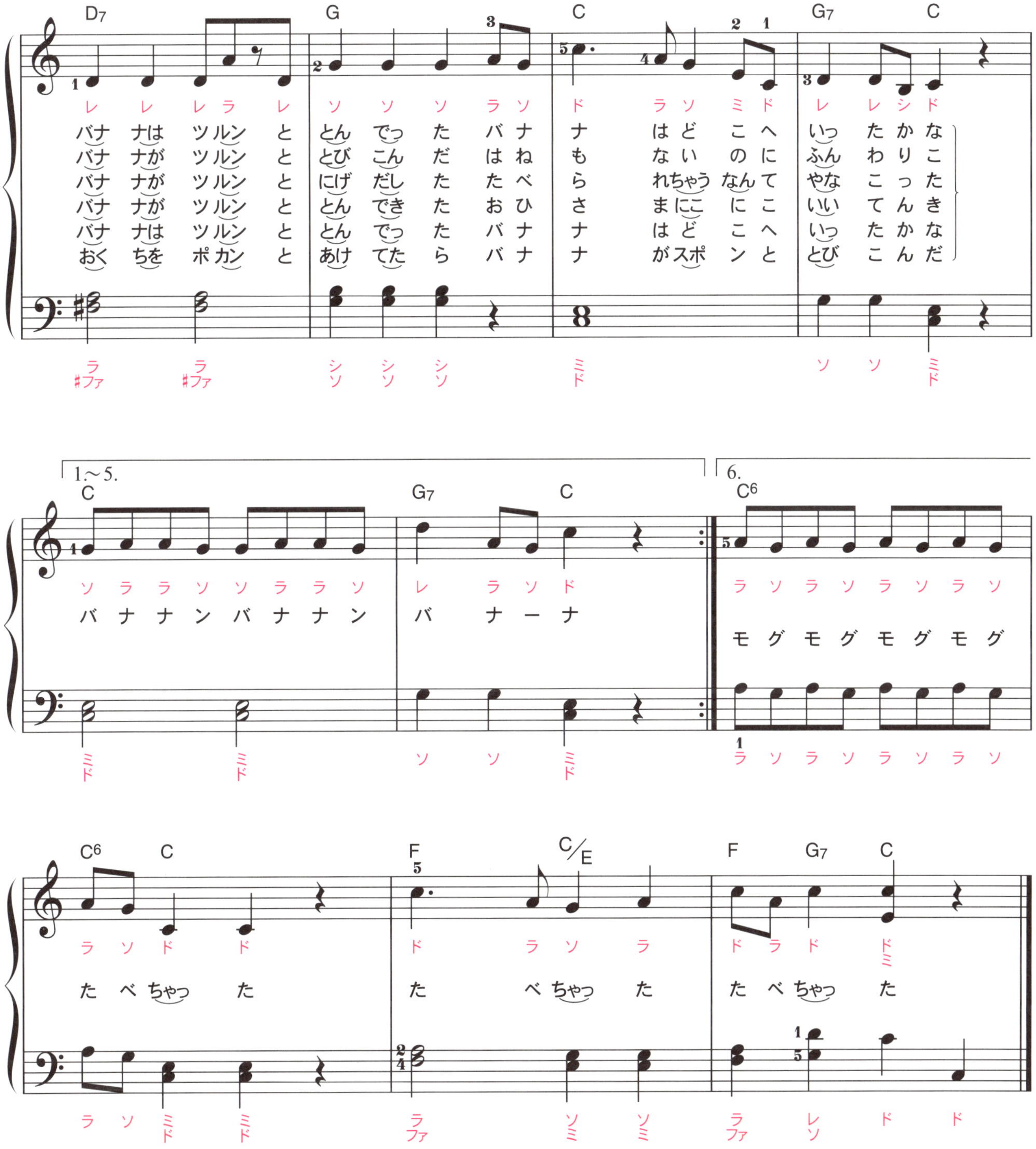
D7 G C G7 C
バナナはツルンと とんでったバナナ ナはどこへ いったかな
バナナがツルンと とびこんだはね もないのに ふんわりこ
バナナがツルンと にげだしたたべ られちゃうなんて やなこった
バナナがツルンと とんできたおひ さまにこにこ いいてんき
バナナはツルンと とんでったバナナ ナはどこへ いったかな
おくちをポカンと あけてたらバナ ナがスポンと とびこんだ
1.～5.
C G7 C
バナナンバナナン バナーナ
6.
C6
モグモグモグモグ
C6 C F C/E F G7 C
たべちゃった たべちゃった たべちゃった

とんぼのめがね

作詞：額賀誠志　作曲：平井康三郎

ここマス！

この歌のここがマスト！

1～3番のトンボはすべて種類が違います。観察力も養いながら、それぞれどのトンボの歌詞なのか考えてみましょう。

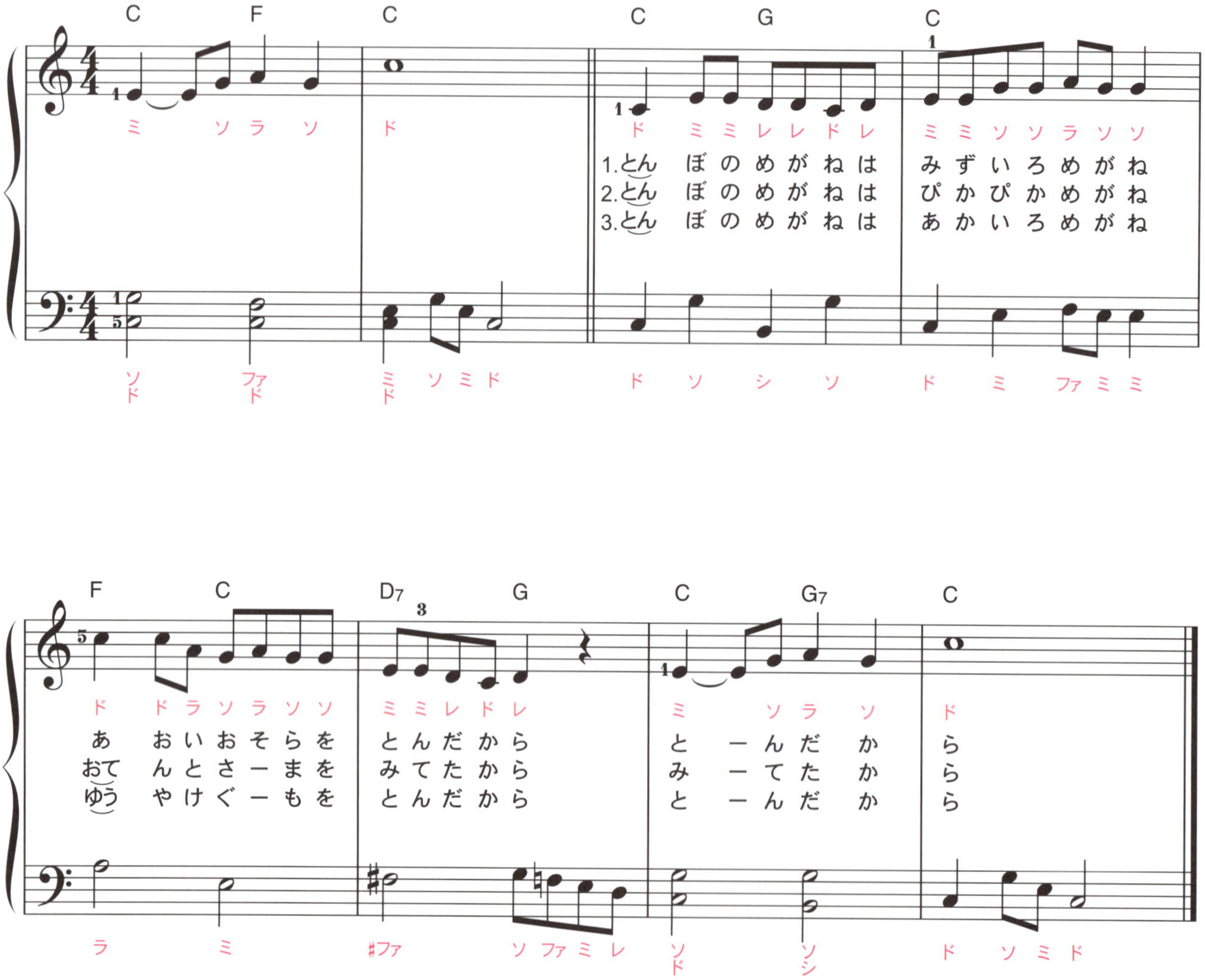

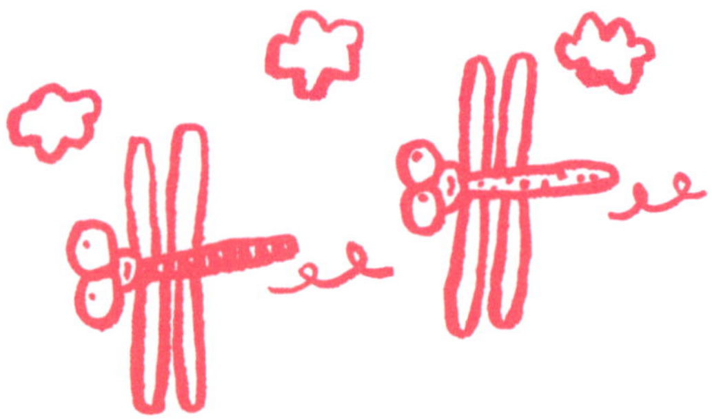

ラクに弾けちゃうポイント　左手の練習にいい曲。リズムが転ばないように注意しながら弾きましょう。

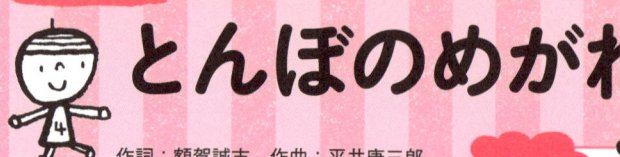

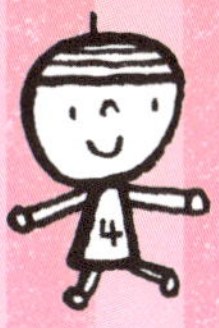

まつぼっくり

作詞：広田孝夫　作曲：小林つや江

ここマス！

この歌のここがマスト！
おサルがまつぼっくりを食べただけのシンプルな歌詞なのになぜか記憶に残る名曲です。

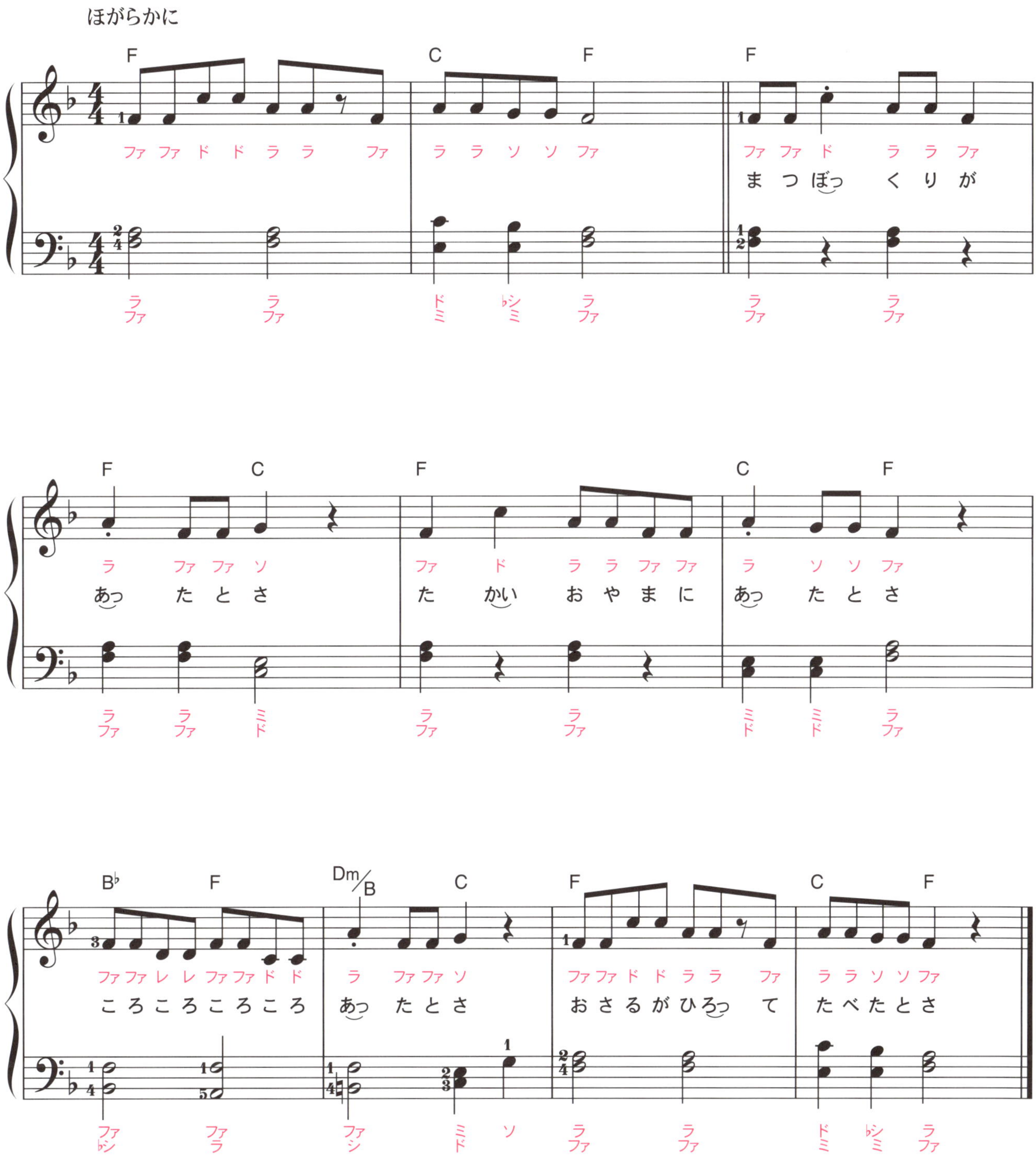

ラクに弾けちゃうポイント　最後の段の右手が少し難しいです。リズムが転ばないようにイントロからテンポを意識して弾いてください。

山の音楽家

訳詞：水田詩仙　ドイツ民謡

ここマス！

この歌のここがマスト！
山に住む動物たちが楽器を奏でるようすを歌った楽しい曲です。それぞれの動物の音を歌うのも子どもたちは大好き。

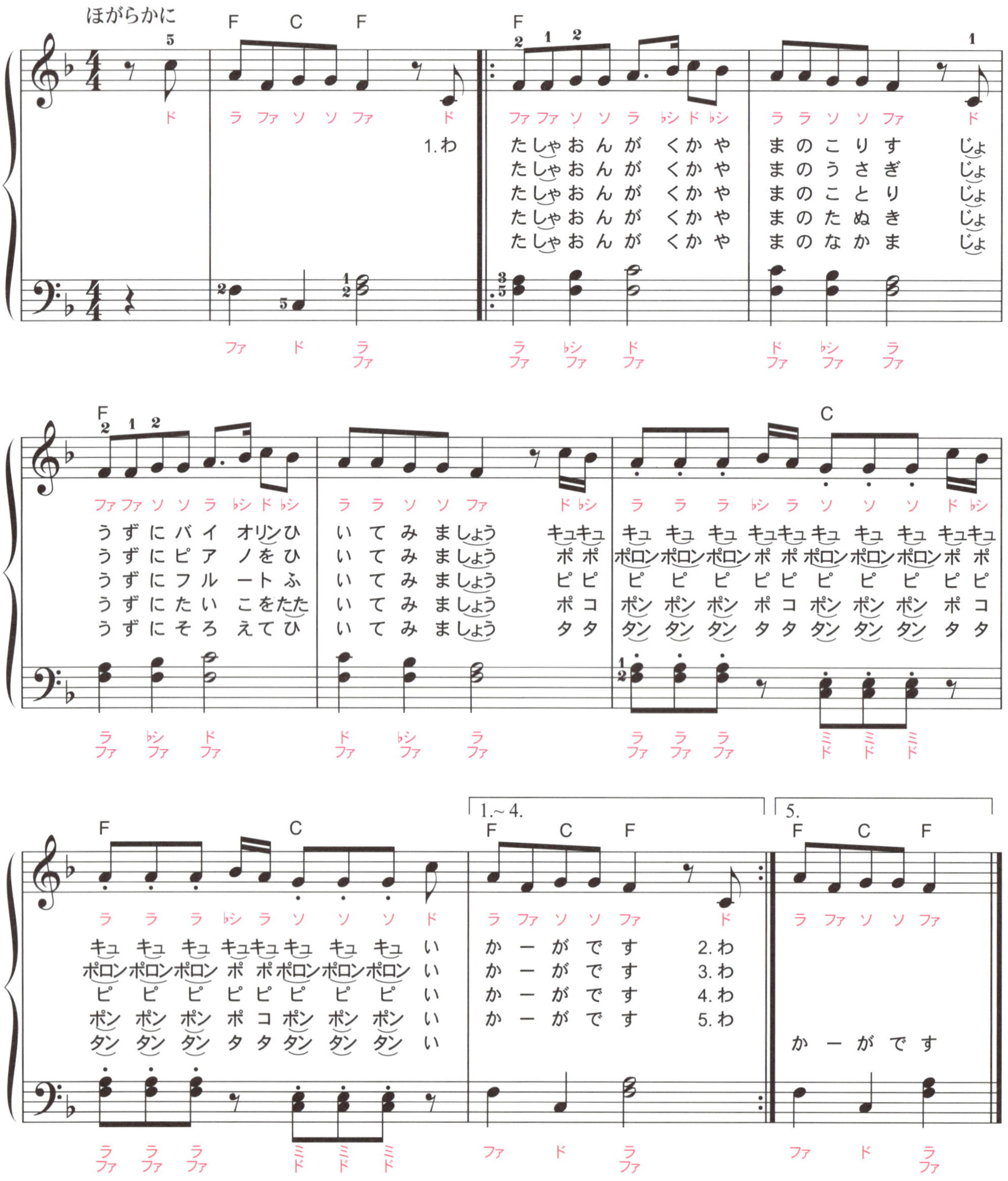
ほがらかに
1.わ たしゃおんがくかや まのこりす じょ
たしゃおんがくかや まのうさぎ じょ
たしゃおんがくかや まのことり じょ
たしゃおんがくかや まのたぬき じょ
たしゃおんがくかや まのなかま じょ
うずにバイオリンひ いてみましょう キュキュ キュキュキュキュキュキュキュキュキュキュ
うずにピアノをひ いてみましょう ポポ ポロンポロンポロンポポポロンポロンポロンポポ
うずにフルートふ いてみましょう ピピ ピピピピピピピピピピ
うずにたいこをたた いてみましょう ポコ ポンポンポンポコポンポンポンポコ
うずにそろえてひ いてみましょう タタ タンタンタンタタタンタンタンタタ
1.～4.
5.
キュキュキュキュキュキュキュキュ い かーがです 2.わ
ポロンポロンポロンポポポロンポロンポロン い かーがです 3.わ
ピピピピピピピピ い かーがです 4.わ
ポンポンポンポコポンポンポン い かーがです 5.わ
タンタンタンタタタンタンタン い かーがです

ラクに弾けちゃうポイント　右手がよく動くので、ゆっくりめに弾き始めるようにしましょう。スタッカートはしっかりと。

あわてん坊のサンタクロース

作詞：吉岡治　作曲：小林亜星

ここマス！

この歌のここがマスト！
煙突のある家はほとんどないのに、それでも子どもたちの想像力をかきたてるクリスマスの定番曲。

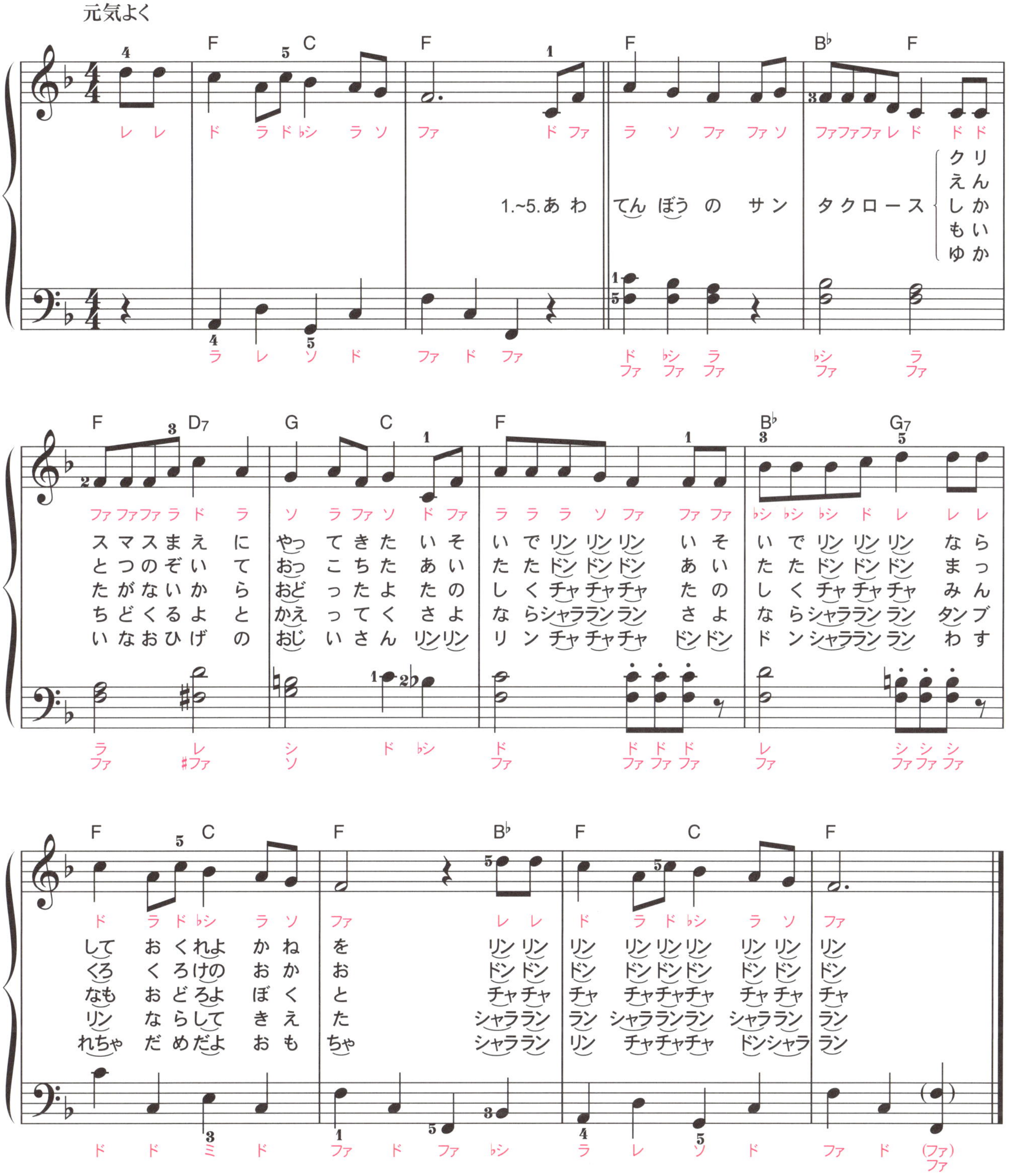
元気よく
1.~5.あわてんぼうのサンタクロース
クリスマスまえにやってきた いそいでリンリンリン いそいでリンリンリン ならしておくれよかねを リンリン リンリンリン リンリン リンリン
えんとつのぞいておっこちた あいたたドンドンドン あいたたドンドンドン まっくろくろけのおかお ドンドン ドンドンドン ドンドン ドンドン
しかたがないからおどったよ たのしくチャチャチャ たのしくチャチャチャ みんなもおどろよぼくと チャチャ チャチャチャチャ チャチャ チャチャ
もいちどくるよといかえって さよならシャラランラン さよならシャラランラン タンブリンならしてきえた シャララン ランシャラランラン シャララン ラン
ゆかいなおひげのおじいさん リンリンリンチャチャチャ ドンドンシャラランラン わすれちゃだめだよおもちゃ シャララン リンチャチャチャチャ ドンシャララン

ラクに弾けちゃうポイント　最後の段の左手がよく動くので、練習はしっかりと。右手も指番号を守って。

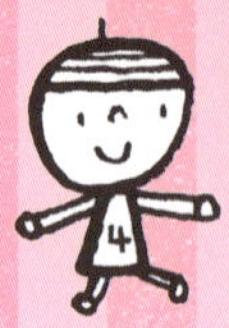

雪のこぼうず

訳詞：村山寿子　外国曲

ここマス！

この歌のここがマスト！
雪を自然現象としてではなく一粒一粒を子どもに見たてた優しい曲です。曲は『いとまきのうた』としても有名ですね。

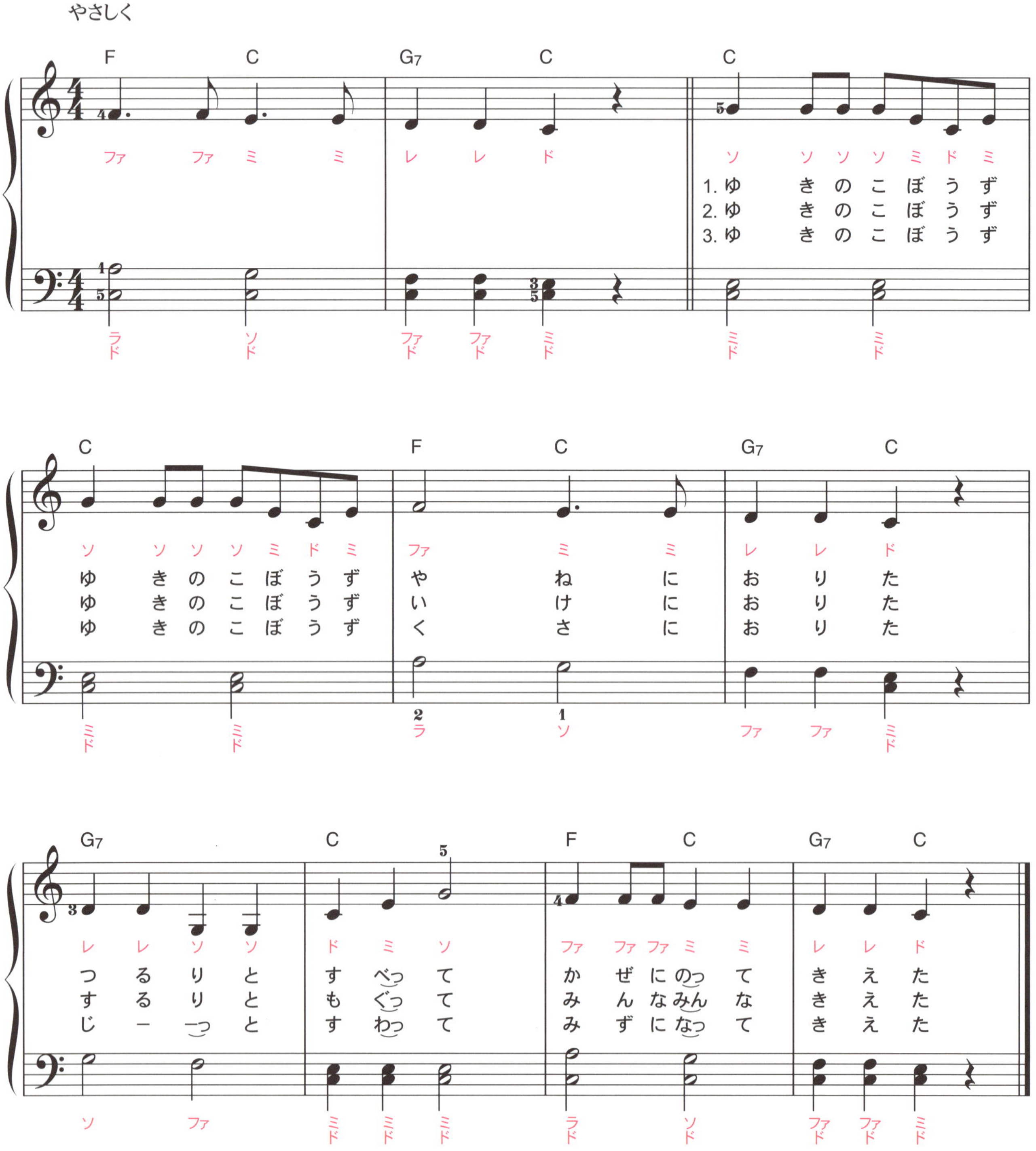
やさしく
F C G7 C C
ファ ファ ミ ミ レ レ ド ソ ソ ソ ソ ミ ド ミ
1. ゆ き の こ ぼ う ず
2. ゆ き の こ ぼ う ず
3. ゆ き の こ ぼ う ず
ラド ソド ファド ファド ミド ミド ミド
C F C G7 C
ソ ソ ソ ソ ミ ド ミ ファ ミ ミ レ レ ド
ゆ き の こ ぼ う ず や ね に お り た
ゆ き の こ ぼ う ず い け に お り た
ゆ き の こ ぼ う ず く さ に お り た
ミド ミド ラ ソ ファ ファ ミド
G7 C F C G7 C
レ レ ソ ソ ド ミ ソ ファ ファ ファ ミ ミ レ レ ド
つ る り と す べっ て か ぜ に のっ て き え た
す る り と も ぐっ て み ん な みん な き え た
じ ー ーっ と す わっ て み ず に なっ て き え た
ソ ファ ミド ミド ミド ラド ソド ファド ファド ミド

ラクに弾けちゃうポイント　左手の５の指はずっとドで固定。右手もほとんど動かさないのでカンタンな曲です。

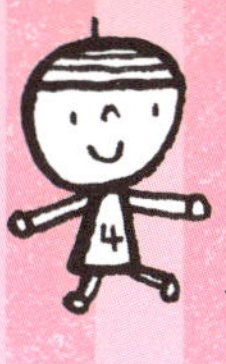

こんこんクシャンのうた

作詞：香山美子　作曲：湯山昭

ここマス!

この歌のここがマスト！
子どもには不思議でおもしろい生理現象のクシャミ。動物の体の大きさに合わせたクシャミを想像する楽しさがあります。

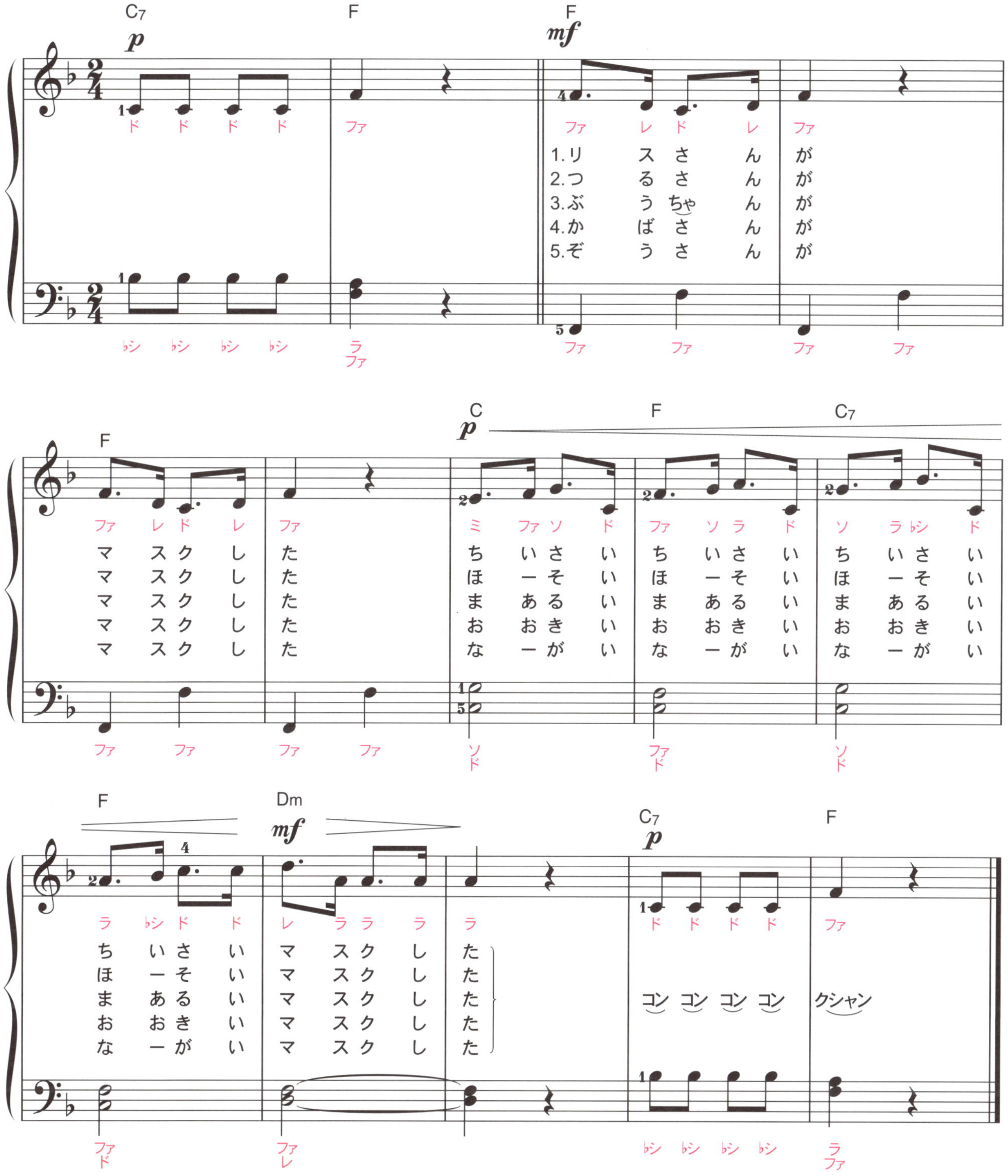

C7 F F
p mf
ド ド ド ド ファ ファ レ ド レ ファ
1.リ ス さ ん が
2.つ る さ ん が
3.ぶ う ちゃ ん が
4.か ば さ ん が
5.ぞ う さ ん が
♭シ ♭シ ♭シ ♭シ ラ ファ ファ ファ ファ ファ
F C F C7
p
ファ レ ド レ ファ ミ ファ ソ ド ファ ソ ラ ド ソ ラ ♭シ ド
マ ス ク し た ち い さ い ち い さ い ち い さ い
マ ス ク し た ほ ー そ い ほ ー そ い ほ ー そ い
マ ス ク し た ま あ る い ま あ る い ま あ る い
マ ス ク し た お お き い お お き い お お き い
マ ス ク し た な ー が い な ー が い な ー が い
ファ ファ ファ ファ ソ ド ファ ド ソ ド
F Dm C7 F
mf p
ラ ♭シ ド ド レ ラ ラ ラ ラ ド ド ド ド ファ
ち い さ い マ ス ク し た
ほ ー そ い マ ス ク し た
ま あ る い マ ス ク し た コン コン コン コン クシャン
お お き い マ ス ク し た
な ー が い マ ス ク し た
ファ ド ファ レ ♭シ ♭シ ♭シ ♭シ ラ ファ

ラクに弾けちゃうポイント　最後のクシャミのところはpと書いてありますが、動物のイメージで強弱を付けるようにしましょう。

1 今月のうた

4歳児 1・2月

春がきたんだ

作詞：ともろぎゆきお　作曲：峯陽

ここマス!

この歌のここがマスト!
春が近づくと自然も人もうれしくなってくる気持ちがすなおに歌われている曲です。春を見つける楽しみを忘れないで。

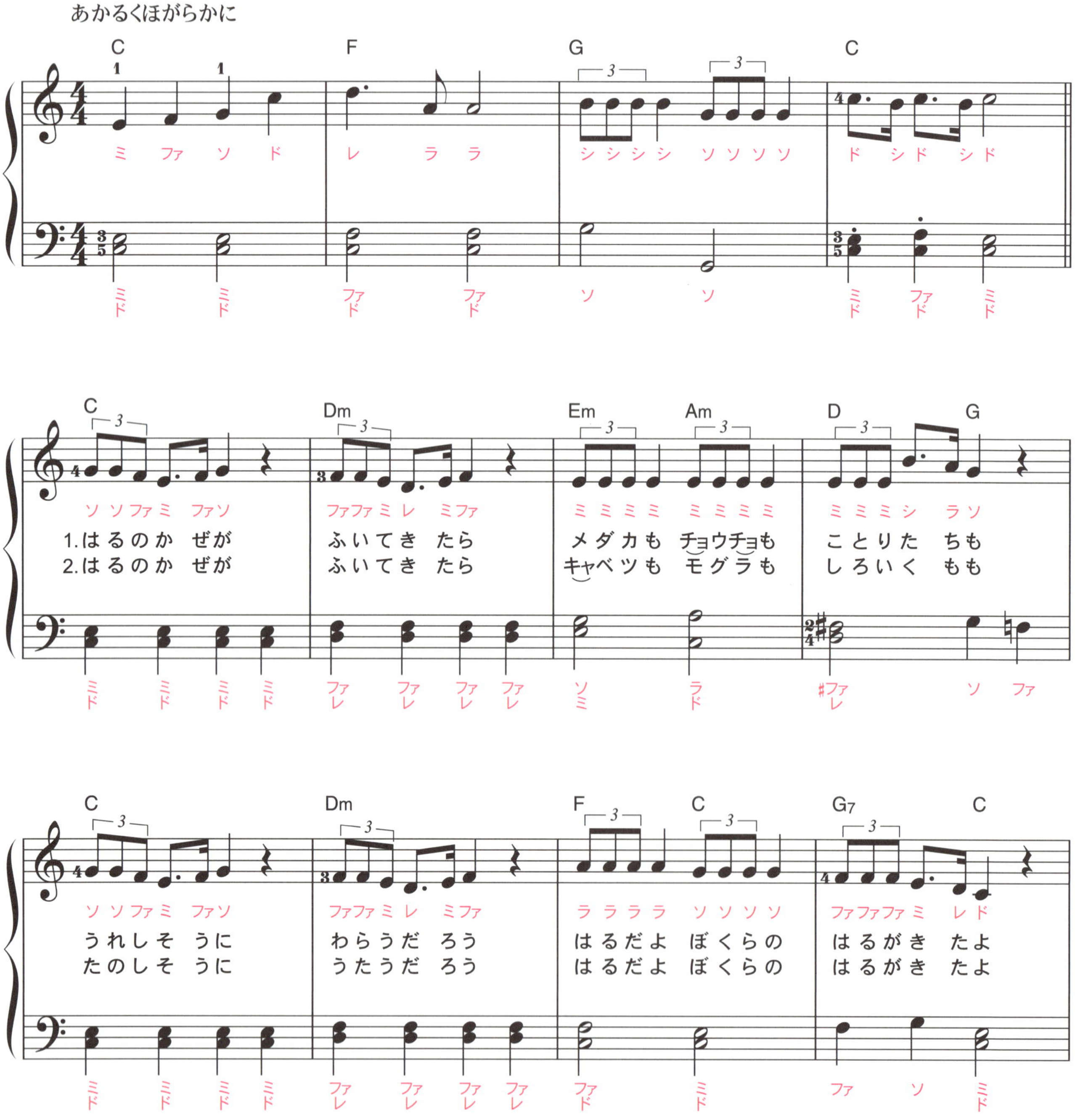

ラクに弾けちゃうポイント　右手の三連符はテンポに余裕を持って。左手の四分音符の和音はスタッカートぎみに弾くと元気になります。

C F G C
ミ ファ ソ ド シ ラ ラ レ ミ ファ シ ラ ソ ソ
きたかぜ なんか あっちのほうへ いっちゃえ
なかまじゃ ないか ぼくたち みんな
C F G G7 C
ミ ファ ソ ド レ ラ ラ シシシシ ソソソソ ド シ ド
すてきな はるが ほんとに きたんだ わー い! わい!
まってた はるが ここにも きたんだ わー い! わい!

春の小川

文部省唱歌

作詞：高野辰之　作曲：岡野貞一

ここマス！

この歌のここがマスト！
穏やかな春の風景を繊細に歌った名曲ですね。初版では古い文語的な歌詞でしたが、改編を経て現在の形になりました。

ゆったりと流れるように

ラクに弾けちゃうポイント　両手がユニゾンのハモリで動くことが多いので、打鍵のタイミングがしっかりと合うようにしましょう。

おつかいありさん

作詞：関根栄一　作曲：團伊玖磨

ここマス！

この歌のここがマスト！
小さな虫にも命や生活がある。そんなあたりまえだけど大切な気持ちを教える歌です。子どもの優しさを伸ばしましょう。

ユーモラスに

1.あんまり　いそいで　こっつんこ　ありさんと　ありさんと　こっつんこ
2.あいたた　ごめんよ　そのひょうし　わすれた　わすれた　おつかいを
あっちいって　ちょんちょん　こっちきて　ちょん

ラクに弾けちゃうポイント　左手にポジションチェンジはありません。右手もほとんど動かないので指番号だけ気をつければカンタン。

大きな古時計

訳詞：保富庚午　作詞・作曲：ワーク

ここマス！

この歌のここがマスト！
不思議な実話を元にした名曲。３番まで歌って、物を大切にする気持ちと少しの寂しさを感じてほしいですね。

ラクに弾けちゃうポイント　ペダル推奨。保育必須曲なので優雅に弾けるように練習を。「百年休まずに」は小さめに弾くとカッコイイです。

1 今月のうた

5歳児 6月

アイスクリームの唄

作詞：佐藤義美　作曲：服部公一

ここマス！

この歌のここがマスト！
子ども大好きアイスクリーム。おいしいものを食べたときの気持ちを「のどを音楽隊が通ります」と表現する歌詞が秀逸。

元気よく
C Gm C Gm C Gm C
1.お と
ぎ ばなし の　おうじ でも　むか し は　とて も　たべられない アイ　ス ク リー　ム アイ
ぎ ばなし の　おうじょでも　むか し は　とて も　たべられない アイ　ス ク リー　ム アイ
ぎ ばなし の　おうじ でも　むか し は　とて も　たべられない アイ　ス ク リー　ム アイ
C Csus4 G7 C D#dim Dm D G C Csus4
ス ク リ ー　ム ぼ く　は おうじで は　ない けれど アイ
ス ク リ ー　ム わ た　しは おうじょで は　ない けれど アイ
G7 C G7
ス クリ ームを　めしあがる　スプ　ーン ーですくって　ピチャッチャッチャッした　に ーのせると
ス クリ ームを　めしあがる

ラクに弾けちゃうポイント　左手をスタッカートにするかしないかで印象が変わります。スタッカートで弾けるようにがんばって。

C A Dm G C
ララ ソ ソ ララシ ラ ソ ファ ラ ソ ソファ ミ レ ド ミ ♭ミ
トロン ト ロ のど を おん がく たい が とお り ま す プ カ
ド ソ ミ ド ソ ミ ラ ミ ♯ド ラ ファ レ ソ レ シ ソ レ シ ソ シ ド ソ ド
D G D G
レ レ ラ ♯ファ ソ ソ レ レ レ ミ ♭ミ レ ♯ファ ラ ド シ ソ ソ ソ ソ ファ
プ ー カドン ドン つめたいね ルラ ル ーラル ーラ あまいね チー
レ ラ ♯ファ レ ラ ♯ファ レ シ ソ レ シ ソ レ ラ ♯ファ レ ラ ♯ファ レ シ ソ レ シ ソ
E7 Am D G
ミ ミ ♯ソ シ レ ドドララ ラ シド レレ レレ レレ レドシラソ ミファ
タカタッ タッ タッ おいしいね アイ スクー リー ムは たのしいね 2.3.おと
ミ シ ♯ソ ミ ラ ド ミ レ ♯ファ ソ ソファミレ
Dm Em D♯dim G7/D C
ラ ソ ラ シ ド ド ソ
ス ク リ ー ム
ファ レ ソ ミ ♯ファ ♯レ ファ レ ドレミファソラシ ド ソ ド

オバケなんてないさ

作詞：まきみのり　作曲：峯陽

ここマス!

この歌のここがマスト!

子どもにとってオバケは興味津々だけど怖い存在。そんなすなおな気持ちを歌にしています。この歌で怖さを吹き飛ばそう!

ラクに弾けちゃうポイント　右手の三連符が大変なので左手はカンタンにアレンジしてあります。意識してゆっくりめに弾いて。

バスごっこ

作詞：香山美子　作曲：湯山昭

ここマス！

この歌のここがマスト！
バスは子どもたちにとって知らないどこかへ行くときに乗る魅惑の乗り物。そんなバスの中のようすを楽しく歌った名曲です。

ラクに弾けちゃうポイント　最後の段の左手スタッカートは、強く弾かないで軽やかに弾くと歌いやすいです。

まっかな秋

作詞：薩摩忠　作曲：小林秀雄

ここマス！

この歌のここがマスト！
秋は自然が移り変わる不思議な季節。赤くなった木々や植物を見つけてまわる楽しさを子どもたちに感じほしいですね。

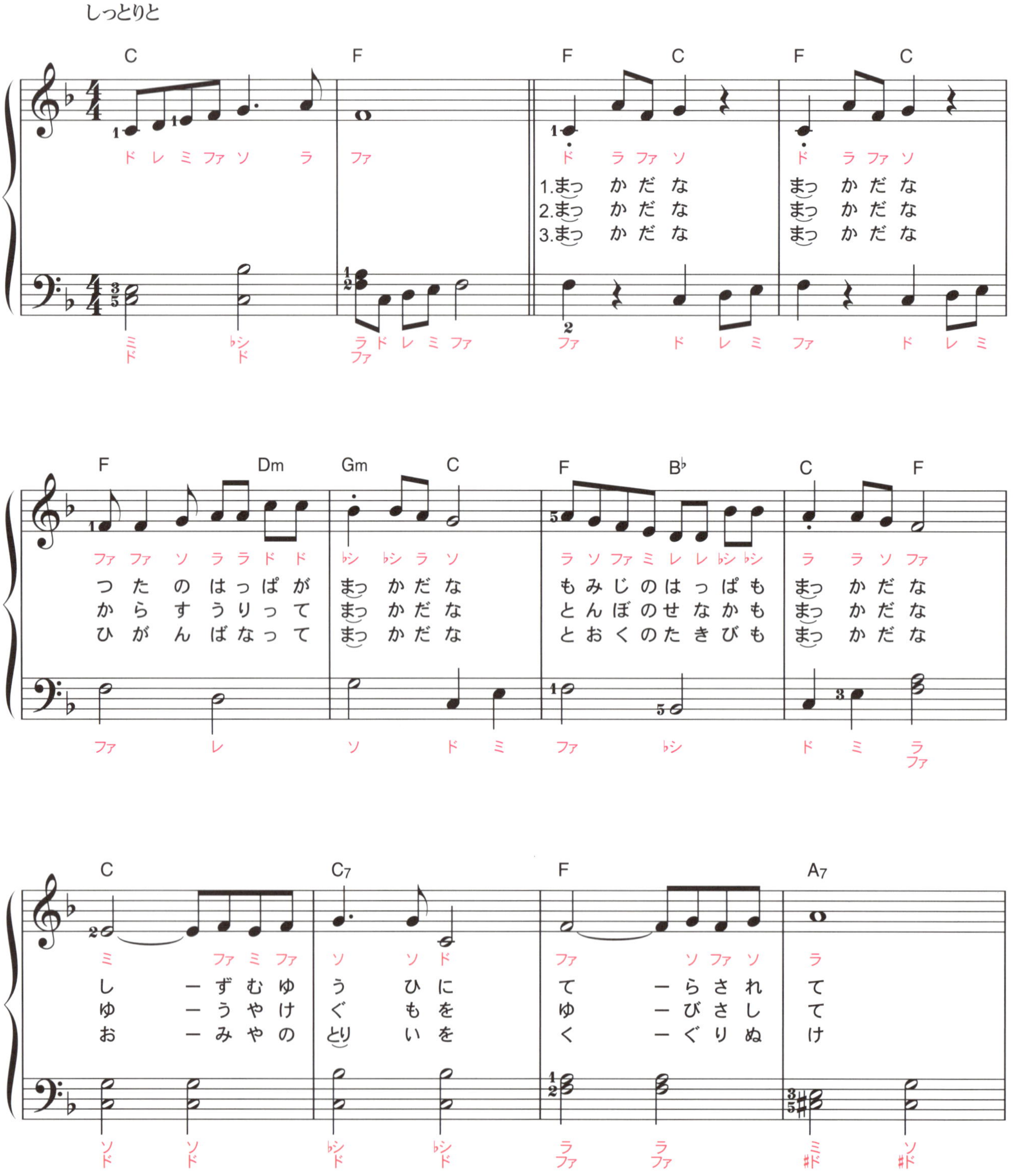
しっとりと
C F F C F C
ド レ ミ ファ ソ ラ ファ ド ラ ファ ソ ド ラ ファ ソ
1.まっ か だ な まっ か だ な
2.まっ か だ な まっ か だ な
3.まっ か だ な まっ か だ な
ミ ド ♭シ ド ラ ファ ド レ ミ ファ ファ ド レ ミ ファ ド レ ミ
F Dm Gm C F B♭ C F
ファ ファ ソ ラ ラ ド ド ♭シ ♭シ ラ ソ ラ ソ ファ ミ レ レ ♭シ ♭シ ラ ラ ソ ファ
つ た の は っ ぱ が まっ か だ な も み じ の は っ ぱ も まっ か だ な
か ら す う り っ て まっ か だ な と ん ぼ の せ な か も まっ か だ な
ひ が ん ば な っ て まっ か だ な と お く の た き び も まっ か だ な
ファ レ ソ ド ミ ファ ♭シ ド ミ ラ ファ
C C7 F A7
ミ ファ ミ ファ ソ ソ ド ファ ソ ファ ソ ラ
し ー ず む ゆ う ひ に て ー ら さ れ て
ゆ ー う や け ぐ も を ゆ ー び さ し て
お ー み や の とり い を く ー ぐ り ぬ け
ソ ド ソ ド ♭シ ド ♭シ ド ラ ファ ラ ファ ミ ♯ド ソ ♯ド

ラクに弾けちゃうポイント　左手がよく動きますが、力んで重くならないよう注意しましょう。後半はペダルを踏むとキレイになります。

D Gm Gm G C C7
ラ レ ド ♭シ ♭シ ラ ソ レ ミ ファ ラ ソ
まーっ か な ほっ ぺ た の き ー み と ぼ く
まーっ か な ほっ ぺ た の き ー み と ぼ く
まーっ か な ほっ ぺ た の き ー み と ぼ く
♯ファ レ レ ミ ♯ファ ソ ♭シ ♭シ ソ シ ソ ド ミ ♭シ
F B♭ C C7 F
ラ ド ラ ソ ファ レ ド レ ミ ファ ソ ラ ファ
まーっ か な あ き に か こ ま れ て い る
まーっ か な あ き に よ び か け て い る
まーっ か な あ き を た ず ね て ま わ る
ファ ファ ソ ラ ファ ♭シ シ ミ ド ♭シ ド ラ ファ ド レ ミ ファ

5歳児　11月

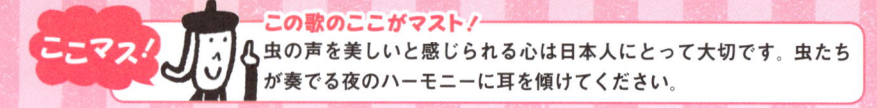

虫のこえ

文部省唱歌

この歌のここがマスト！
虫の声を美しいと感じられる心は日本人にとって大切です。虫たちが奏でる夜のハーモニーに耳を傾けてください。

ラクに弾けちゃうポイント　鳴き声のところは優しく弾きましょう。左手はほとんど動かないので、重いタッチにならないように。

たきび

作詞：巽聖歌　作曲：渡辺茂

ここマス!
この歌のここがマスト！
子どもたちはたき火に興味津々ですが、近寄らせてはもらえません。ですから歌の中だけでも想像する気持ちを忘れないで。

なめらかに
1.かきねのかきねの まがりかど たきびだたきびだ おちばたき
2.さざんかさざんか さいたみち たきびだたきびだ おちばたき
3.こがらしこがらし さむいみち たきびだたきびだ おちばたき
mp
mf
ああ たろうか あたろうよ きたかぜぴいぷう ふいている
ああ たろうか あたろうよ しもやけおててが もうかゆい
ああ たろうか あたろうよ そうだんしながら あるいてく

ラクに弾けちゃうポイント イントロがいちばん難しいのですが、有名なイントロなのでぜひ弾けるようになってください。

北風小僧の寒太郎

作詞：井出隆夫　作曲：福田和禾子

ここマス！

この歌のここがマスト！
冬の定番曲。北風も毎年やってくる旅人、と想像すると少し許せますよね。寒さをイヤだと嫌わない気持ちも大切です。

ラクに弾けちゃうポイント　「冬でござんす～」は小さめに弾くとカッコイイです。メロディのリズムがもたつかないように気をつけて。

C F
ミ ミ ソ ソ ソ ソ ラ ソ ラ
や って きた ー ー
ひ とり たび ー ー
な いて いる ー ー
ヒュ ウーン ヒュ ウーン
ド ミ ド ミ ド ミ ド ラ ファ ラ ファ ラ ファ ラ ファ
F Em F6
ラ ラド ラ ド ラド ラド ラ ソ ラ ミ レ ミレ ド ラ
ヒュ ルル ー ン ル ンル ンル ン ー
ふ ゆ で ご ざん ー す
さ む う ご ざん ー す
ゆ き で ご ざん ー す
ラ ファ ラ ファ ラ ファ ラ ファ ソ ミ ファ
G G7 C C6
ソ ソ ラ ソ ラ ド ドソ ドラ
ヒュ ル ル ル ル ル ルン
ソ ファ ド ミ ド ミ ド ミ ド

1 今月のうた

5歳児 1月

うれしいひなまつり

作詞：サトウハチロー　作曲：河村光陽

ここマス！

この歌のここがマスト！
最近は大きなひな壇のおひなさまを飾る家も減ったのではないでしょうか？　歌全体でひな壇の知識も学べるすてきな曲です。

粛々と
1.あかりをつけましょ　ぼんぼりに　おはなをあげましょ　もものはな　ごーにんばやーしの　ふえたいこ　きょーうはたのしい　ひなまつり
2.おだいりさまと　おひなさま　ふーたりならんで　すましがお　およめにいらーした　ねえさまに　よくにたかんじょの　しろいかお
3.きーんのびょうぶに　うつるひを　かすかにゆーする　はるのかぜ　すーこししろーざけ　めされたか　あーかいおかおの　うだいじん
4.きものをきかえて　おびしめて　きょーうはわたしも　はれすがた　はーるのやよーいの　このよきひ　なによりうれしい　ひなまつり

ラクに弾けちゃうポイント　イントロの難易度がけっこう高めですが、この曲にはこのイントロ！　左手の指番号に気をつけて。

思い出のアルバム

作詞：増子とし　作曲：本多鉄麿

ここマス！

この歌のここがマスト！
アルペジオの練習に使える曲。最近は定番から少し外れた感もありますが、BGMとしても使えますのでぜひ覚えましょう。

可憐に

Dm G C A7 Dm G C
レ ド シ レ ド ラ ソ レ ミ ファ ミ レ ド
ファ ラ ド ソ シ レ ミ ソ ド ラ ♯ド ミ ファ ラ レ ソ ファ ミ ソ ミ ド
C F Em A7
ミ レ ド ミ ソ ミ ソ ド ド ド ド シ ラ ソ ラ ソ
1.いつのこと だか おもいだしてごらん
2.はるのこと です おもいだしてごらん
3.なつのこと です おもいだしてごらん
4.あきのこと です おもいだしてごらん
5.ふゆのこと です おもいだしてごらん
6.ふゆのこと です おもいだしてごらん
7.いちねん じゅうを おもいだしてごらん
ソ ド ソ ド ソ ド ド レ ミ ラ ファ ラ ファ シ ミ ♯ド ラ
Dm G C Dm G C
ファ ファ ミ レ ラ ラ ソ ミ ソ ミ レ ド
あんなこと こんなこと あった でしょう ー
ラ レ シ ソ ソ ド ド レ ミ ファ レ ソ ファ ミ ソ ミ ド レ ミ

ラクに弾けちゃうポイント　ペダル必須曲。強弱をダイナミックにつけると盛り上がります。右手の指づかいは守りましょう。

思い出のアルバム

Dm G C A7 Dm G C C7
レ レ レ レ ファ ミ (ミ) ソ ファ ファ ファ ファ ラ ソ (ソ) ド
うれしかった こと おもしろかった こと
ぽかぽかおにわで なかよくあそんだ
むぎわらぼうしで みんなはだかんぼ
どんぐりやまの ハイキング ララ
もみのきかざって メリークリスマス
さむいゆきのひ あったかいへやで
もものおはなも きれいにさいて
ラファ シソ ドミ ♯ドラ レファ シソ ドミ ♭シミ
Dm G C A7 Dm G C
レ ド シ レ ド ラ ソ レ ミ ファ ミ レ ド
いつになっても わーすれない
きれいなはなも さーいていた
おふねもみたよ すーなやまも
あかいはっぱも とーんでいた
サンタのおじいさん わーらってた
たのしいはなし きーきました
もうすぐみんなは いーちねんせい
ラファ シソ ドミ ♯ドラ ラファ ソ ファ ミ ソ ミ ド

2

季節とイベントのうた

～心で感じるマストソング34～

この章では1年を通して使える季節感のある歌を厳選してあります。
季節のイベントや自然の話をするのにピッタリな曲がいっぱい。

朝のうた

作詞：増子とし　作曲：本多鉄磨

ここマス！

この歌のここがマスト！

朝の歌は園によっていろいろありますが、そんな中でも定番１曲をご紹介。元気に歌いましょう。

元気よく
C G7 C
C F C
1.2.3.せんせい おはよう みなさん おはよう
C F C G7
おはなも にこにこ わらってて います
ことりも チッチと うたって います
ウサギも ぴょんぴょん おどって います
C F G C
おはよう おはよう ―

ラクに弾けちゃうポイント　左手はＦコードだけ少し気をつければ後はカンタン。毎日弾く曲なのですぐに弾けるようになりますよ。

せんせいとお友だち

作詞：吉岡治　作曲：越部信義

ここマス！

この歌のここがマスト！
４月になってまだ新しい先生に慣れない子どももいっぱいいるでしょう。これを歌って先生と仲よくなりましょう。

ラクに弾けちゃうポイント 左手の四分音符はスタッカートで元気よく。もっと元気よく弾くなら二分音符を四分音符２つにしてもＯＫ。

生活

あくしゅでこんにちは

作詞：まど・みちお　作曲：渡辺茂

ここマス！

この歌のここがマスト！
遊び歌としても使えるこの曲。スキンシップは仲よくなる第一歩。みんなでテクテクごあいさつ。

遊び方

1番

1 てくてく～あるいてきて

互いに歩いてくる

2 あくしゅでこんにちは

握手をしておじぎする

3 ごきげんいかが

握手をしたまま相手の肩をたたく

2番

1 もにゃもにゃ～おはなしして

手を口の前でパクパクさせる

2 あくしゅでさようなら

握手をしておじぎする

3 またまたあした

バイバイをして離れる

ラクに弾けちゃうポイント　両手ともポジションチェンジなしで弾けるのでカンタンです。

おかたづけ

作詞・作曲：不詳

ここマス！

この歌のここがマスト！
苦手なかたづけもこの歌をうたいながらやれば楽しくなります。急いでいるときは少し速めに歌えば子どもたちもがんばれます。

元気よく軽快に
C F C F F
ソ ファ ソ ラ ラ ド ♭シ ラ ラ ソ ソ ファ ファ ファ ファ ソ ラ
おかたづけ
ド ミ ド ファ ド ファ ♭シ ファ ラ ファ ラ ファ ラ ファ ラ ファ ラ ファ
F C F C F
ファ ファ ファ ソ ラ ソ ファ ソ ラ ラ ド ♭シ ラ ラ ソ ソ ファ
おかたづけ
さ あさみなさん
おかたづけ
ラ ファ ラ ファ ラ ファ ラ ファ ド ミ ド ファ ド ファ ♭シ ファ ラ ファ

TOY
BOX

ラクに弾けちゃうポイント スタッカートとふつうの音をしっかり区別して。力を抜いて軽やかに弾けるようになるとカッコイイですよ。

おべんとう

作詞：天野蝶　作曲：一宮道子

ここマス！

この歌のここがマスト！

食事の前に歌う園も多いのでは？　何でも食べましょよくかんで、大切ですよね。歌い終わったら大きな声でいただきます！

元気よく
mf
1.2.
おべんと おべんと うれしいな
おてても きれいに なりました みんなそろって ごあいさつ
なんでも たべましょ よくかんで みんなすんだら ごあいさつ

ラクに弾けちゃうポイント　特に難しいところはありませんが、右手の指番号は守ったほうが詰まりませんよ。

はをみがきましょう

作詞・作曲：則武昭彦

ここマス!

この歌のここがマスト！
子どもの嫌いな歯磨きを習慣づける大切な歌。残念なのは歯を磨きながらは歌えないってところでしょうか。

元気よく
mf
C F G C
ソ ファ ミ ファ ソ ラ ソ ラ ミ ソ ミ ファ ミ レ ド レ ミ
1.2. は を み が き ましょう しゅっ しゅっ しゅっ
ぶ ら し の た い そう
こ ろ こ ろ う が いも
ド ソ ミ ソ ファ ソ ド ソ ミ ソ
F C F C F C D G G7 C
ラ ミ ソ ラ ミ ソ ド レ ド ラ ソ ミ レ ド ミ レ ド
おいっ ち に おいっ ち に じょ う ぶ な は に な れ しゅっ しゅっ しゅっ
ほ ら ね ほ ら ね まっ し ろ い は に な れ しゅっ しゅっ しゅっ
ファ ミ ファ ミ ファ ミ #ファ ソ ファ ミ ド

ラクに弾けちゃうポイント 最後の右手の指くぐりに気をつけて。左手はポジションチェンジなしなのでカンタンです。

おかえりのうた

作詞：天野蝶　作曲：一宮道子

ここマス!
この歌のここがマスト！
帰りの歌も園によっていろいろありますので、参考までにご紹介。明日も元気に登園できるように元気に歌いましょう。

元気よく

G C C
ソ ソ ラ ソ ミ レ ド ソ ソ ミ レ ド レ ミ ファ
1.きょーう もたのしく
2.おりが みつみきも
C F C F G7 C
ソ ソ ラ ラ ソ ラ ラ ソ ラ ド ド ラ ソ ミ ミ レ レ ド
すみました なかよしこよしで かえりましょう
かたづけて おかえりおしたく できました
C F G C
ド レ ミ ソ ラ ソ ド ラ ソ ソ ラ ソ ミ レ ド
せんせい さよなら またまたあした

ラクに弾けちゃうポイント 右手が少し難しいので左手はカンタンにしました。スタッカートだけは忘れずに弾けばめりはりが出ます。

ハッピー・バースデー・トゥ・ユー

作詞・作曲：M.J. ヒル &P.S. ヒル

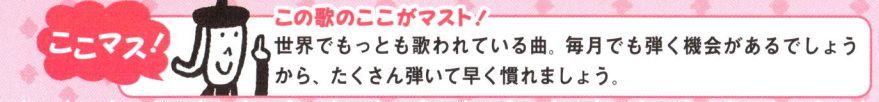

ここマス！

この歌のここがマスト！
世界でもっとも歌われている曲。毎月でも弾く機会があるでしょうから、たくさん弾いて早く慣れましょう。

ラクに弾けちゃうポイント 特に難しいところはありませんが、左手の最後は少し難しいかも。でも何回か弾けばすぐに慣れるはず。

もんしろ蝶々のゆうびんやさん

作詞：サトウハチロー
作曲：中田喜直

ここマス！
この歌のここがマスト！
少し独特なメロディは中田喜直作曲の特徴。かわいらしさが表現されているので、ぜひ慣れてください。

やさしく
1.もん し ろちょう ちょ の ゆう びん や さ ん
2.もん し ろちょう ちょ の ゆう びん や さ ん
3.もん し ろちょう ちょ の ゆう びん や さ ん
あ さ か ら は い た つ あ さ か ら は い た つ
せ っ せ と は い た つ せ っ せ と は い た つ
あ ち こ ち は い た つ あ ち こ ち は い た つ
ア ネ モ ネ よ こ ちょ う
ひ な げ し ど ー り の
チュ ウ リッ プ お く さ ん
じゅ う ば ん ち か ど か ら に け ん め ハイ ゆ ー びーん
ろ く ば ん ち ま っ か な か ん ば ん ハイ ゆ ー びーん
は ん こ で す う れ し い か き と め ハイ ゆ ー びーん

ラクに弾けちゃうポイント　メロディが少し難しいので左手は簡単にしてあります。右手が詰まらないよう指番号に注意して。

ありさんのおはなし

作詞：都築益世　作曲：渡辺茂

ここマス！

この歌のここがマスト！
ありさんも実は仲間といろいろとコミュニケーションを取っています。そんなようすを想像して観察する目を育てましょう。

楽しげに
mf
1.ありさんの おはなし きいたかね ちいさな こえだが きこえたよ おいしい おかしを みつけたよ となりの おうちの おにわだよ
2.ありさんの おはなし きいたかね ないしょの こえだが きこえたよ おおきな ももの み みつけた みんなで なかよく たべにこい

ラクに弾けちゃうポイント　左手は２番カッコ以外ポジション移動をしなくてよい編曲です。左手５の指の指づかいを守りましょう。

かめの遠足

作詞：新沢としひこ
作曲：中川ひろたか

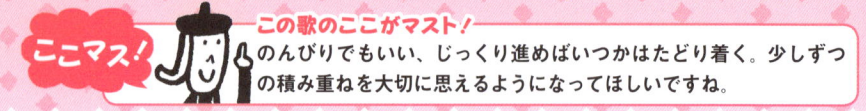

ここマス！
この歌のここがマスト！
のんびりでもいい、じっくり進めばいつかはたどり着く。少しずつの積み重ねを大切に思えるようになってほしいですね。

軽やかに
F C G7 C
ファ ファ ドファ ソ ラ ソ ファ ミ ミミ ミレ レ ド ソ ミ
1.かめ
ファ ド ファ ミ レ ソ ソ ド ソ ソ ド ソ
ミ ミ ミ
C F C
ド ミ ソ ファ ミ ファ ファ ラ ド シ ラ ソ ソ ラ ソ ファ ミ
の えん そ く は み っ か まえ か ら リュ ッ ク サッ ク に
の えん そ く は よ あ け まえ か ら み ん な あつ ま る
る ご は ん を バス てい で た べ て そろ そ ろ や ま へ
の えん そ く は よ る に なっ て も やま に は と て も
ド ソ ド ソ ド ラ ド ラ ド ソ ド ソ
ミ ミ ファ ファ ミ ミ
G7 C F
レ レ レ ドレ ラ ソ ソ ミ ド ミ ソ ファ ミ ファ ラ
お か し を つ め る か め の だい す き な チョ ー コ
バ ス てい に む か う お ひ る に な っ て や っ と
む か い ま しょ う か あ し ど り か る く くち ぶ え
と ど か な か っ た あ し た が あ る さ ほ し が
レ ラ ソ ファ レ ド ソ ド ソ ド ラ
♯ファ ミ ミ ファ

ラクに弾けちゃうポイント　曲は遅くなりすぎないよう３拍子のリズムを意識して、軽やかに弾きましょう。

C G7 C
レート は ベタ ベ タ と け て も うた べら れ ない
つい た ら みん な と バ ス は も うい なか っ た
も で る や ま に つい た ら な にを しよ う か
きれ い だ か め は ね む る や まを ゆめ み て
F C G7
のん び りい こ う のん び りい こ う い そい でい く と
C F C
す ぐお わる だ ろう のん び りい こ う のん び りい こ う
G7 C 1.2.3. 4.
ゆっ く りい け ば ま だま だつ づ く
2.かめ
3.おひ
4.かめ

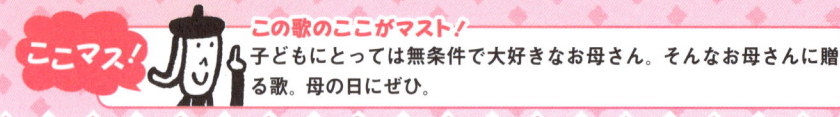

ありがとうお母さん

作詞：きたやまおさむ
作曲：加藤和彦

ここマス！
この歌のここがマスト！
子どもにとっては無条件で大好きなお母さん。そんなお母さんに贈る歌。母の日にぜひ。

やさしくゆったりと
F
F
Dm
お　かあさん　あなたはてんし　お　かあさん　かが
お　かあさん　あなたなしでは　お　かあさん　いき
B♭
Bm7♭5
C7
やくたいよう　お　かあさん　ああ　いとしのお　かあさん
てゆけない　お　かあさん　ああ　いのちのお　かあさん
F
Dm
お　かあさん　だけ　どときには　お　かあさん　きぶ
お　かあさん　きず　ついたなら　お　かあさん　わら

ラクに弾けちゃうポイント ペダル必須の曲です。全体的には抑えて弾きますが、中間部は少し強めに弾くと盛り上がりますよ。

B♭ Bm7♭5 C7 to Φ
ラ ソ ソ ファ ファ ファ ラ ソ ソ ファ ソ ラ ソ ファ ソ ソ ラ ソ ソ
ん わ る く て お か あさん あ あ だい き ら い お か あさん
っ て ちょ う だい お か あさん い た い の 「いたいの いたいの とんでけ」 お か あさん
レ ファ ラ ド ♭シ レ ファ シ レ ファ ラ ソ ド ミ ソ ♭シ
B♭ C B♭ C6 Am7
ファ ファ ソ レ レ ミ
レ レ レ レ レ レ ミ ミ ミ レ ド ド ド ド ラ レ
い ま な い た カ ー ラ ス ー が わ ら う よ う に
♭シ ド
ファ ♭シ ファ ♭シ ファ ♭シ ファ ♭シ ソ ♭シ ソ ♭シ ソ ♭シ ソ ♭シ ソ ラ ソ ラ ソ ラ ソ ラ
Dm Gm G G7 C
レ ド ♭シ ラ ソ ソ ソ ファ ソ ラ ソ ファ ファ ソ ソ ラ ♭シ ド
ー こ ー こ ろ は コ ロ コ ー ロ か ー わ る け ど ー
ファ レ ファ レ ファ レ ファ レ ♭シ ソ ♭シ ソ ♭シ ソ ♭シ ソ シ ソ シ ソ レ ソ レ ソ ミ ド ミ ド ミ ド ミ ド
B♭ C7 Am7 Dm
レ レ レ レ レ ミ ミ ミ ミ レ ド ド ド ド ラ ラ レ レ ド ♭シ ラ
う ま れ て し ー ば ら く の あ い だ だ ー け は ー ご ー め ん な
ファ ♭シ ファ ♭シ ファ ♭シ ファ ♭シ ソ ♭シ ソ ♭シ ソ ♭シ ソ ♭シ ソ ラ ソ ラ ソ ラ ソ ラ ファ レ ファ レ ファ レ ファ レ

ありがとうお母さん

G G7 Csus4
ソ ソ ソ ファ ファ ソ ラ ソ ファ ド ド ラ ソ ソ
さい わ た ー し の ー わ が ま ま ー だ か ら お
♭シ ♭シ ♭シ ♭シ シ シ レ ファ ファ ファ ファ ソ ファ ミ ド レ ミ
ソ ソ ソ ソ ソ ソ ソ ソ ド ド ド ド
Ped. Ped. Ped. Ped.
B♭ C F
ファ ファ ソ ド ソ ファ ファ レ ファ ラ ソ ソ ファ ファ ファ
レ レ ミ
お か あ さん お お き く な れ ば お
♭シ ド ファ ラ ド ファ ラ ド ミ
Ped. Ped. Ped. Ped. Ped.
Dm B♭ Bm7♭5
ソ ファ ファ レ ファ ラ ソ ソ ファ ファ ファ ラ ソ ソ ファ ソ ラ ソ ファ ソ ソ
か あ さん い つ か さ よ な ら お か あ さん あ あ い と し の お
レ ファ ラ レ ファ ラ ド ♭シ レ ファ シ レ ファ ラ ソ
Ped. Ped. Ped. Ped. Ped.
C7 F
ラ ソ ソ ラ ド ラ ソ ソ ソ ファ ファ ミ ラ
か あ さん rit. あ り が と お か あ さーん
ド ミ ソ ♭シ ♭シ ド ファ ラ ド レ ミ ファ ラ ド ファ
Ped. Ped. Ped. Ped.

茶摘み

文部省唱歌

ここマス!

この歌のここがマスト！

立春から数えて88日目ですので、だいたい５月２日が八十八夜です。たすき、すげの笠の説明をしてあげましょう。

さわやかに
Am B♭ C7 F F Gm C
ド ド ラ ソ ラファ レ ド ファ ソ ラファ ド ファ ソ ラ ラ ラ ラ ド ドド ラ ソ ファ ソ
1.なつもち かづく はちじゅうはちや
2.ひよりつ づきの きょうこのころを
F B♭ G7/B Gm C7 F
ラ ラ ド ラ ラ ラ ソ ラ ラ ソ ファ レ レ ド ド ファ ソ ラ ラ ラ ラ
のにもや まにも わかばがしげる あれにみ えるは
こころの どかに つみつつうたう つめよつ めつめ
Gm C Am B♭ C7 F
ド ドド ラ ソ ファ ソ ド ド ラ ソ ラ ファ レ ド ファ ソ ラ ファ
ちゃ つみじゃないか あかねだ すきに すげの かさ
つ まねばならぬ つまにゃに ほんの ちゃにな らぬ

2 季節とイベント 春

ラクに弾けちゃうポイント　全体的に指番号をしっかり守らないと詰まりやすいです。左手がスタッカートっぽくならないように注意して。

雨ふり

作詞：北原白秋　作曲：中山晋平

ここマス！

この歌のここがマスト！

子どもにとっては雨も楽しさいっぱい。迎えに来てもらうのもとってもうれしいものです。蛇の目傘の解説を忘れずに。

かろやかに
1.あめあめふれふれかあさんが
2.かけましょかばんをかあさんの
3.あらあらあのこはずぶぬれだ
4.かあさんぼくのをかしましょか
5.ぼくならいいんだかあさんの
じゃのめでおむかえうれしいな
あとからゆこゆこかねがなる
やなぎのねかたでないている
きみきみこのかささしたまえ
おおきなじゃのめにはいってく
ぴっちぴっちちゃっぷちゃっぷらんらんらん

ラクに弾けちゃうポイント　左手は少し跳ねぎみに。右手も「ぴっちぴっちちゃっぷちゃっぷ」はスタッカートにするとかわいさアップ。

かたつむり

文部省唱歌

ここマス！

この歌のここがマスト！
不思議な生き物かたつむりを愛（め）でるかわいい歌です。触ると隠れちゃうからあんまりいじめないでね。

かわいらしく軽快に

C Am F G C
ソ ド ド ソ ミ ソ ソ ミ ド ミ ミ レ ド
ミ ド シ ラ ソ ファ ソ ミ ド
C D G7
ソ ソ ソ ミ ド ド ド レ ミ ミ レ ド レ
1. で んで ん む し むし か たつ む り
2. で んで ん む し むし か たつ む り
ミ ド ミ ド ♯ファ レ ソ シ
C G7 C C Am F G C
ミ ファソ ラ ソ ソソ ミ レ レ ド レ ミ ソ ド ド ソ ミ ソ ソ ミ ド ミ ミ レ ド
お まえ の あ たま は ど こ に あ る つ の だ せ や り だ せ あ た ま だ せ
お まえ の め だま は ど こ に あ る つ の だ せ や り だ せ め だ ま だ せ
ド レ ミ ファ ミ ド ソ ソ ド シ ラ ソ ミ ド シ ラ ソ ファ ソ ミ ド

ラクに弾けちゃうポイント　左手は難しくはないのですが、少し不規則に動きます。テンポが揺らがないように注意しましょう。

すてきなパパ

作詞・作曲：前田恵子

ここマス！

この歌のここがマスト！

昔から親の歌というとお母さんばかりだったのに、ついにお父さんの歌の傑作が登場！　お父さんも絶対に感動しますよ。

優しく力強く
F Em Am Dm G C
ラ シ ド ラ ソ ラ ソ ド ミ ド レ シ ド
ファ ラ ド シ ミ ミ ラ ラ レ シ ソ ミ ド レ ミ
C G C C
ソ ミ ファ レ ファファ ミ レ レ ラ ソ ミ ド シ ラ ソ
1.パ パ パ パ えら いえら い パ パ せ か い の
2.パ パ パ パ つよ いつよ い パ パ せ か い の
ソ ド ソ ド ソ シ ソ シ ソ シ ソ シ ソ ド レ ミ ラ ソ ファ ミ
Am D7 C
ラ ソ ファ ミ レ ミ レ レ ソ ミ ミ ミ レ ド ド ド ド
だ れ よ り え ら い ん だ お お き な お く ち で
だ れ よ り つ よ い ん だ お こ っ た お か お は
ファ ミ レ ド #ファ レ シ ソ シ ソ ミ ド ミ ド ミ ド ミ ド

ラクに弾けちゃうポイント　２段目３小節目の右手でどうしても詰まってしまう場合は、八分音符をタイでつないでごまかしてもＯＫ。

G G7 C
シ シ シ ド レ ファ ファ ファ ミ レ レ レ レ ミ ミ ミ ファ
わらったら かいじゅうみたいに みえるけ
こわいけど ほんとは とっても やさしく
ソシ ソシ ファシ ファシ ソシ ソシ ファシ ファシ ミド ミド
F Em Am Dm G 1. C
ソ ラ シ ド ラ ソ ラ ソ ファ ミ ミ レ レ ド
どすてきな すてきな パパなんだ
てすてきな すてきな パパなん
ミド ファ ソ ラファ ド ソミ ラ ファレ ソ ミド レ ミ
2. C F Em Am Dm G C
ド ラ シ ド ラ ソ ラ ソ ド ミ ド レ レ ド
だ
ミド ファ ラ ド シミ ミラ ラレ シソ ミド ド

2 季節とイベント 春

きんぎょのひるね

作詞：鹿島鳴秋　作曲：弘田龍太郎

ここマス！

この歌のここがマスト！
キンギョがプカプカと浮かぶようすを優しく歌った曲。ゆったりとしたメロディに子どもの心も優しくなります。

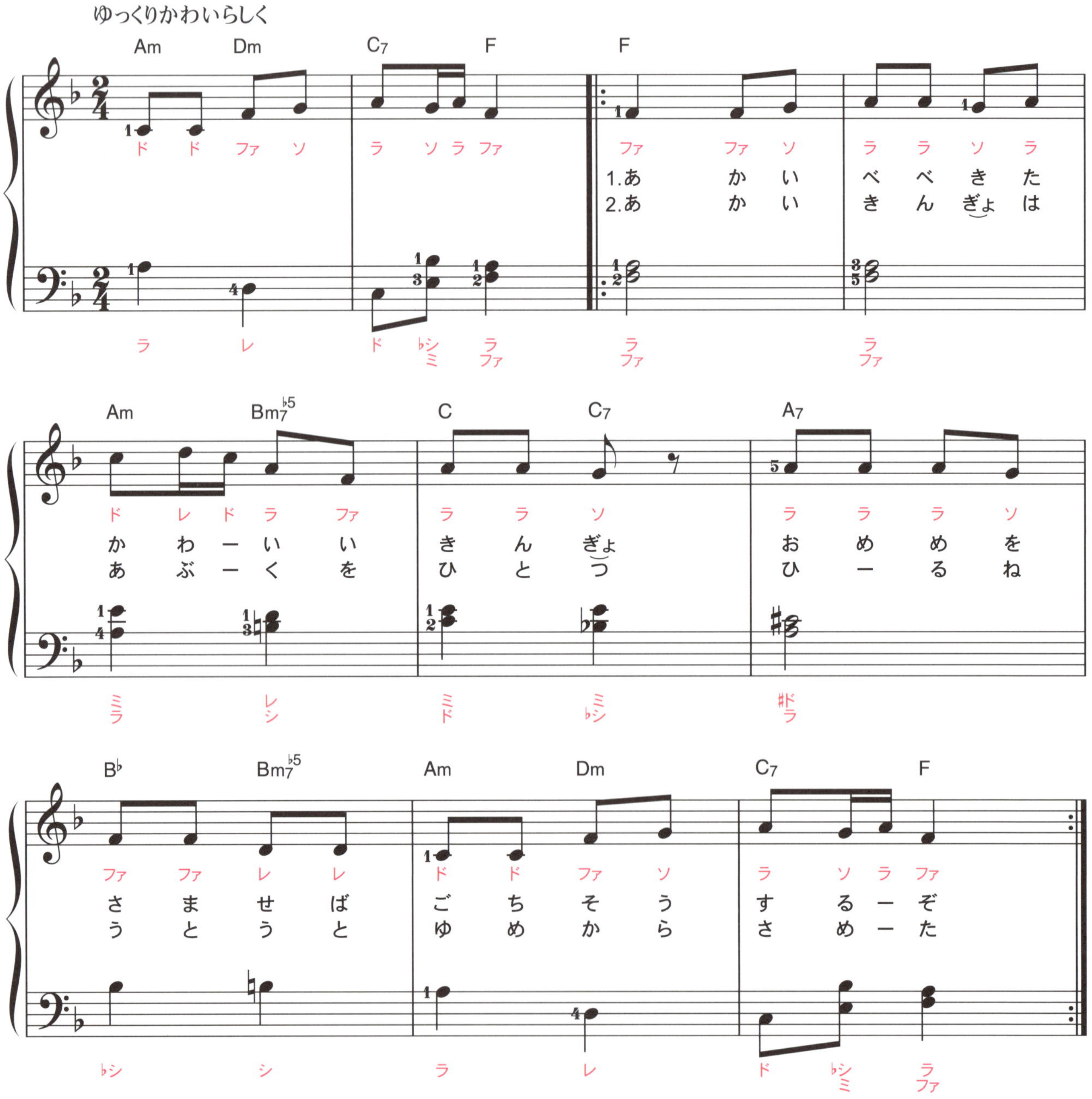

ラクに弾けちゃうポイント　左手3～4小節は同じ音ですが、そこで指をしっかりかえておかないと、その後で詰まるので注意しましょう。

いるかはザンブラコ

作詞：東龍男　作曲：若松正司

ここマス！

この歌のここがマスト！
子どももイルカも飛び跳ねるの大好き。２番３番はバッタにカエルも飛び跳ねます。ごっこ遊びにも最適ですね。

楽しげに
D D7 G G C G A7 D G G7 C D D7 G
1.イルカは ザンブラコ イルカは ザンブラコ おおなみ ザンブラコ はねるぞ イルカは いるか おやこで いるか ザンブラコ こえろよ ー
2.バッタは ピョンピョコピョン バッタは ピョンピョコピョン のはらを ピョンピョコピョン とびこせ バッタは バテた おやこで バテた ピョンピョコピョン とびこせよ ー
3.カエルは ジャンブラコ カエルは ジャンブラコ おいけに ジャンブラコ とびこむ カエルは かえる おやこで かえる ジャンブラコ かえるよ ー

ラクに弾けちゃうポイント　海の波を表した３拍子の曲なので、２拍目・３拍目の音は重くならないよう注意しましょう。

くじらのとけい

作詞：関和男　作曲：渋谷毅

ここマス！
この歌のここがマスト！
ダジャレと言ってしまえばそこまでですが、子どもって言葉遊びが大好き。そんな楽しさの詰まった曲です。

明るくはずんで
Dm D G7 C C
レ ミ ファ ソ ラ ラ ラ ラ レ ラ シ ソ ド ド ド ミ ソ ソ ラ ソ ソ ソ
1.クジラプカプカ
2.クジラプクプク
ファ レ ファ レ #ファ レ #ファ レ ソ ファ ミ ド ミ ド ミ ド ミ ド ミ ド ミ ド
C F G G7 C
ラ ソ ミ ミ ソ ミ ソ ソ ソ ラ ド ド ド ソ ソ ソ ラ ソ ド
うみのうえ とんでるカモメが じかんをきいた
うみのなか かしこいイルカが じかんをきいた
ミ ド ミ ド ミ ド ミ ド ミ ド ミ ド ファ ド ファ ド レ シ レ シ ファ シ ミ ド
G C G C
レ ソ ソ レ ソ ソ ミ ド ラ ソ ソ ド ソ ラ ソ ド ソ ラ ソ
クジラ クジラ いまなんじ いまくじいまくじ
レ ソ レ ソ ミ ド ミ ド ソ ソ ラ シ ミ ド ミ ド

ラクに弾けちゃうポイント　左手はスタッカートで。右手も全体的に跳ねて弾くといいですね。右手の指番号に気をつけましょう。

Dm D G7 C
ド ソ ラ ソ ミ レ ミ ファ ソ ラ ラ ラ ラ レ ラ シ ソ ド ド ド
い ま く じ ら ク ジ ラ の と け い は く じ く じ ら ら ら
ミ ド ミ ド ミ ド ファ レ ファ レ ♯ファ レ ♯ファ レ ソ ファ ミ ド ミ ド
1. 2.
C G7 C C
ド ソ ラ ソ ド ソ ラ ソ ラ シ ド ド シ シ ラ ラ ソ
ミ ド ミ ド ソ ファ ミ ド ソ ラ シ ミ ド ミ ド
G C G Em7 G7 C
レ ソ ソ レ ソ ソ ミ ド ラ ソ ソ ミ レ ソ ミ レ ソ シ ソ ド ド
ク ジ ラ ク ジ ラ い ま な ん じ 「いま～？」 く じ ら
レ ソ レ ソ ミ ド ミ ド ソ ソ ラ シ ソ ファ レ ミ ド ド

バナナのおやこ

作詞：関和男　作曲：福田和禾子

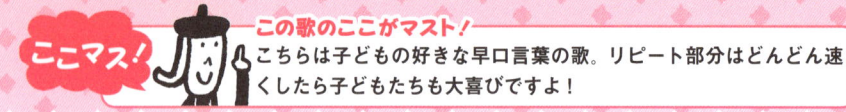

ここマス！

この歌のここがマスト！
こちらは子どもの好きな早口言葉の歌。リピート部分はどんどん速くしたら子どもたちも大喜びですよ！

さわやかにリズムよく
ちいさなちいさなみなみのしまに
きいろいバナナのおやこがほらね
かぜにゆられてユラユラ
バナナのおやこがユラユラ
「さあはやくちことばいくわよ ようーいはいいかな?」
「さんハイ」
バナナのパパはパパバナナ
バナナのママはママバナナ

ラクに弾けちゃうポイント　早口言葉の右手の４の指だけは厳守しないと、速く弾くときに絶対に詰まりますから注意！

C G7 C F Em A7 1.Dm G C
ド ド ミ ミ ソ ソ ド ラ シ ソ ド ド ド ド ラ ラ シ シ シ ソ ソ ラ シ ソ ド
バナナのこどもは コ バナナ パパバナナ ママバナナ コバナナ
ミ ド ミ ド ソ ファ シ ミ ド ラ ファ ラ ファ ソ ミ ミ ♯ド ファ レ ソ ミ ド
2.Dm G C F Em A7 Dm
ラ シ ソ ド ド ド ド ド ラ ラ ソ ソ ソ ラ ソ ミ ミ レ レ レ ミ レ レ レ
コバナナ そんなバナナ ニコニコバナナ きいろいバナナの
ファ レ ソ ミ ド レ ミ ラ ファ ラ ファ ソ ミ ミ ♯ド ファ レ ファ レ
D G7 C G7 C C
ミ レ レ レ ミ レ ソ ミ ミ ファ ソ ソ ド ド シ ソ シ ド ミ ミ ミ ファ ソ ソ ド ド
おやこがホラネ かぜにゆられて ユラユラ バナナのおやこが
♯ファ レ ソ ファ ミ ド ミ ド ファ ソ ファ ソ ミ ド ミ ド ミ ド
G7 C F Em A7 Dm G C F G C
シ ソ シ ド ド ド ド ラ ラ シ シ シ ソ ソ ラ シ ソ ド ラ シ ド
ユラユラ パパバナナ ママバナナ コバナナ
ファ ソ ファ ソ ミ ド ラ ファ ラ ファ ソ ミ ミ ♯ド ファ レ ソ ミ ド レ ミ ラ ファ シ ソ ド ミ

カレーライスのうた

作詞：ともろぎゆきお　作曲：峯陽

ここマス！

この歌のここがマスト！
カレーの歌はいっぱいありますが、料理方法がわかるすてきな歌。お母さんといっしょにカレーを作るお手伝いができるといいですね。

ラクに弾けちゃうポイント　左手は弾んで。子どもたちが復唱する部分の音符は書いていませんが、必要に応じて弾いてもいいですよ。

おさるがふねをかきました

作詞：まど・みちお　作曲：團伊玖磨

ここマス！

この歌のここがマスト！
覚えやすくて短いフレーズで、おさるが絵を描くだけのふんわりとした曲ですが、想像力を刺激されるいいうたです。

ゆったりと優しく
F　Dm　Gm　C　F　F
1.ふ ね で も
2.な ん だ か
Dm　B♭　C　F　Dm
か い て　み ま しょ う　と　お さ る が　ふ ね を
す こ し　さ み し い　と　し っ ぽ も　い っ ぽん
B♭　Bm7♭5　C7　F　Dm　B♭
か き ま し　た　け む り を　も こ も こ　は か
つ け ま し　た　ほ ん と に　じょ う ず に　か け
G7　F　Dm　Gm　C　F
そ う と　え ん と つ　い っ ぽ ん　た て　ま し た
た な と　さ か だ ち　い っ か い　や り　ま し た

ラクに弾けちゃうポイント　全体的に滑らかに弾きましょう。左手が少し移動するので、次に進む場所を確認しながら弾いてください。

おじいちゃんのおとし

作詞：荘司武　作曲：小林秀雄

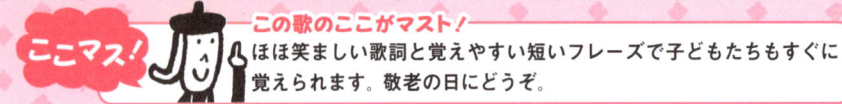

ここマス!

この歌のここがマスト！

ほほ笑ましい歌詞と覚えやすい短いフレーズで子どもたちもすぐに覚えられます。敬老の日にどうぞ。

おだやかに
1.おじいちゃん　おじいちゃん　おとしはいくつ　たずねたら　わすれて　しもうたよ　ははははは　ー
2.おばあちゃん　おばあちゃん　おとしはいくつ　たずねたら　まだとしゃ　わかいよ　ほほほほほ　ー

ラクに弾けちゃうポイント　特に難しいところはありませんが、各フレーズの弾き始めの指番号に気をつけてください。

兎のダンス

作詞：野口雨情　作曲：中山晋平

ここマス！

この歌のここがマスト！
ウサギみたいにメロディがぴょんぴょんと跳ねるので少し難しい曲ですが、跳ねる歌い方のいい練習になります。

ラクに弾けちゃうポイント　両手とも弾んで弾くとかわいさアップですが、右手が少し難しいので指番号は守るようにしましょう。

2 季節とイベント 秋

いもほりのうた

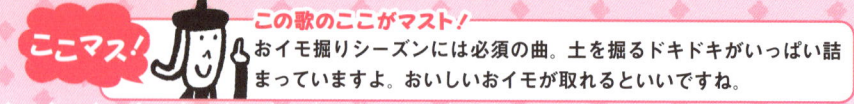

作詞：高杉自子　作曲：渡辺茂

この歌のここがマスト！
おイモ掘りシーズンには必須の曲。土を掘るドキドキがいっぱい詰まっていますよ。おいしいおイモが取れるといいですね。

ラクに弾けちゃうポイント　イモ掘りのときの力強さが表現できるよう、アクセントが付いている音は力強く弾きましょう。

おばけのカボチャ

作詞・作曲：冨田英也

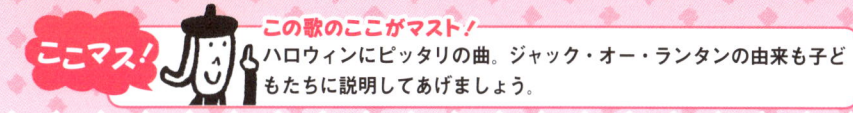

ここマス！
この歌のここがマスト！
ハロウィンにピッタリの曲。ジャック・オー・ランタンの由来も子どもたちに説明してあげましょう。

元気よく
カ カ カ ボ チャ ハ ロウィンの カ ボ チャ カ カ カ ボ チャ ご つご つ カ ボ チャ
めだまとは なくち くりぬいて ローソクつ けたら おばけだぞ
ほっくほっくな かみは おいしくて ケーキやスープに へんしんさ
カ カ カ ボ チャ ハ ロウィンの カ ボ チャ カ カ カ ボ チャ お ばけ の カ ボ チャ

ラクに弾けちゃうポイント 中間部の「めだまと…」からは、元気な歌い出しとは対照的に少し滑らかに弾きましょう。

ゴーゴーゴー

作詞：花岡恵　作曲：橋本祥路

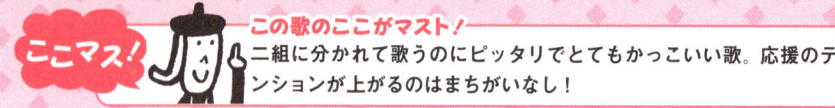

ここマス！
この歌のここがマスト！
二組に分かれて歌うのにピッタリでとてもかっこいい歌。応援のテンションが上がるのはまちがいなし！

1．赤組・緑組の歌

勇ましく
F
C
フレー　フレー
あかぐみ
みどり
フレー　フレー
あかぐみ
みどり
ゴー　ゴー　ゴー　ぼく
※緑組の場合は( )内の休符に合わせて掛け声をかける
右手
F　C　Dm　Am　B♭　Bm7♭5　C　C7
ら　は　かがや　く　たい　よ　うの　よ　う　に　もえ
のびゆ　く　わか　ばーの　よ　う　に
F　B♭　Bm7♭5　F　C　C7　F
あ　がる　きぼ　う　ち　か　らいっ　ぱい　がんばろ　う

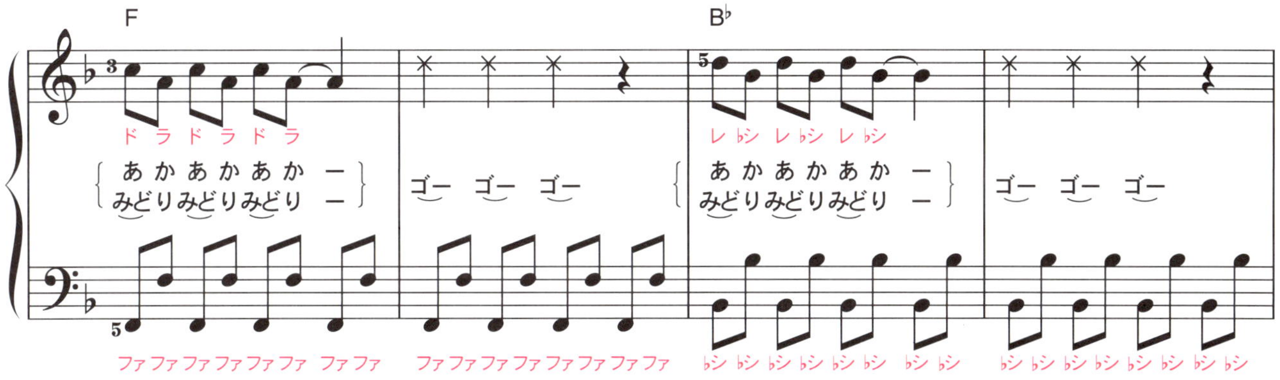

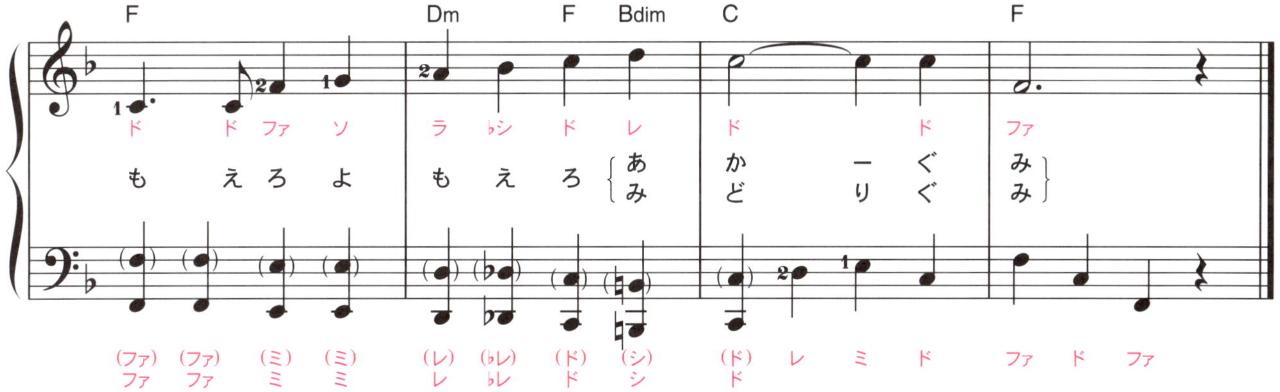

2．白組・青組の歌

勇ましく

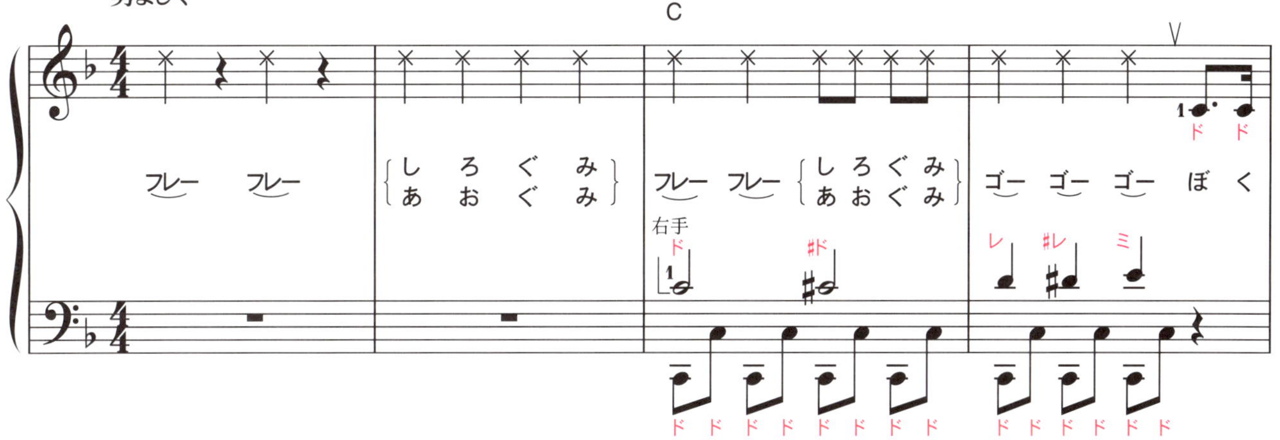

2
季節とイベント
秋

ラクに弾けちゃうポイント 「1.赤組・緑組」「2.白組・青組」を両組が同時に歌う際、左手は同じ伴奏形なので左手だけ弾くとよいでしょう。

ゴーゴーゴー

F C Dm Am B♭ Bm7♭5 C C7
ファ ファ ソ ♭シ ♭シ ラ ♭シ ラ ファ ド ♭シ ♭シ ♭シ ラ ファ ミ ミ ミ ファ ソ
ら は しろい/あおい いなずまだ つきすすむ ひかりのや
ラ ラ ソ ソ ファ ファ ド ド レ レ レ レ ミ ミ ♭シ ♭シ
ファ ファ ミ ミ レ レ ラ ラ ♭シ ♭シ シ シ ド ド ド ド
F B♭ Bm7♭5 F C C7 F
ラ ララ ラ ファファファ ♭シ ♭シ♭シ ド レ ド ラ ソ レ ド ミ ミ ファ
かみなりのおと とどろかせ げんきいっぱい がんばろう
ラ ラ ラ ラ レ レ レ レ ファ ファ ミ ミ ♭シ ♭シ ラ ド レ ミ
ファ ファ ファ ファ ♭シ ♭シ シ シ ド ド ド ド ド ド ファ
F B♭
ド ラ ド ラ ド ラ レ ♭シ レ ♭シ レ ♭シ
ゴー ゴー ゴー しろしろしろ/あおあおあお ゴー ゴー ゴー しろしろしろ/あおあおあお
ファ ファ ファ ファ ファ ファ ファ ファ ファ ファ ファ ファ ファ ファ ファ ファ
♭シ ♭シ ♭シ ♭シ ♭シ ♭シ ♭シ ♭シ ♭シ ♭シ ♭シ ♭シ ♭シ ♭シ ♭シ ♭シ
F Dm F Bdim C F
ラ ラ ラ ド ド ド ファ ファファ ソ ラ レ ド ド ファ
ちきゅうをまわる いなずまだ しろぐ/あおぐ み
(ファ) (ファ) (ミ) (ミ) (レ) (♭レ) (ド) (シ) (ド) レ ミ ド ファ ド ファ
ファ ファ ミ ミ レ ♭レ ド シ ド

こおろぎ

作詞：関根栄一　作曲：芥川也寸志

ここマス！ この歌のここがマスト！
シンプルな歌詞とメロディで子どもたちもすぐに覚えられます。秋の夜のこおろぎの歌に耳と心を澄ませる豊かさを。

穏やかに
C F G7 C
ソ ソ ソ ソ ド
ファ ファ ファ ファ ラ
ソ ソ ミ レ
ド
ミ ド
ラ ド
ソ ソ ファ
ミ ド ソ ド
C F C G
ソ ファ ミ ファ
ソ ソ ソ ソ ド
ファ ミ レ ミ
ファ ファ ファ ファ ラ
1.こ お ろ ぎ ち ろ ち ろ りん こ お ろ ぎ こ ろ こ ろ りん
2.に い さ ん ち ろ ち ろ りん お と う と こ ろ こ ろ りん
3.や さ し い ち ろ ち ろ りん か わ い い こ ろ こ ろ りん
ミ ド
ファ ド
ミ ド
シ ソ
ド ソ
シ ソ
C F G7 C
ソ ソ ソ ソ ド
ファ ファ ファ ファ ラ
ソ ソ ミ レ
ド
ち ろ ち ろ りん こ ろ こ ろ りん く さ の な か
ち ろ ち ろ りん こ ろ こ ろ りん う た い ま す
ち ろ ち ろ りん こ ろ こ ろ りん く さ の な か
ミ ド
ラ ド
ソ ソ ファ
ミ ド ソ ド

ラクに弾けちゃうポイント　右手の十六分音符がキツい場合は八分音符にしてもＯＫ。強弱を少しつけて弾くとすてきになりますよ。

夕日が背中を押してくる

作詞：阪田寛夫　作曲：山本直純

ここマス!
この歌のここがマスト!
夕方になると少し寂しくて少しワクワクするそんな気持ちを歌った歌詞が子どもの心に響く名曲です。

ラクに弾けちゃうポイント　ペダル推奨。右手は三連符で、左手の八分音符の部分はリズムがあやふやにならないように練習しましょう。

C Em Am F7 G
ド ドド ド シ シ ソ シ ラ ララ ラ ソ ソ ミ レ
さ よな ら さ よ な ら さ よな ら き み た ち
さ よな ら さ よ な ら さ よな ら た い よ う
さ よな ら さ よ な ら さ よな ら きょ う の ひ
ド ミ ソ ド ミ ソ ミ ソ シ ミ ソ シ ラ ド ミ ラ ド ミ ファ ラ ミ レ ソ シ
C Em7 A Dm G Am
ミ ソ ミ ソ シ ラ ラ ラ レ レ レ レ ソ ミ レ レ ミ ド ラ
ばん ご はん が まっ て る ぞ あ し た の あ さ ね す ご す な
ばん ご はん が まっ て る ぞ あ し た の あ さ ね す ご す な
す て き な いい ひ だ ね あ し た の あ さ ま た あ お う
ド ミ ソ ミ ソ レ #ド ラ ラ レ レ ソ ミ ラ ミ ラ
3回くりかえす
C Em Am Dm G CM7(9)
ミ ソ ミ ソ シ ラ ラ ラ レ ミ ソ ミ レ ミ レ ミ ソ シ ミ
さ よ な ら きょ う の ひ さ よ う な ー ら
rit.
ド ミ ソ ミ ソ シ ラ ド ミ ミ ラ ラ レ レ ソ ド レ ミ ソ シ ド ド

サンタが町にやってくる

訳詞：カンベタカオ、新田宣夫
作詞：H. ギレスピー　作曲：J.F. クーツ

ここマス！

この歌のここがマスト！
曲はよく耳にしますが、実際に歌う機会が少ない歌ですので、歌詞をしっかり教えてうろ覚えで歌わないようにしましょう。

ラクに弾けちゃうポイント 右手はスウィング、左手はスタッカートで弾くのが難しいとは思いますが、練習で慣れてください。

C7 F D7 G
すみしたこにきっとすばらしいプレ
D7 G C Am F G
ゼントもってさあ
タウン
D.S.
C Am F G C Am F G
サンタクロースイズカミングトゥタウン
C Am F G7 C G7 C
サンタクロースイズカミングトゥタウン

We Wish You A Merry Christmas

イギリス民謡

ここマス！

この歌のここがマスト！
クリスマス定番の１曲。本当は５番まである歌なのですが、英語の歌なので１番だけにしました。歌詞の解説も忘れずに。

華やかに
We wish you a Mer-ry Christ - mas, We wish you a Mer-ry Christ-mas, We wish you a Mer-ry Christ - mas and a Hap - py New Year. Good
ウィー ウィッシュ ユー ア メリー クリス マス ウィー ウィッシュ ユー ア メリー クリス マス ウィー ウィッシュ ユー ア メリー クリス マス アンド ア ハッ ピー ニュー イヤー グッド
ti - dings we bring to you and your kin; We wish you a Merry Christ - mas and a Hap - py New Year. We
タイ ディングス ウィー ブリング トゥー ユー アンド ユアー キーン ウィー ウィッシュ ユー ア メリー クリス マス アンド ア ハッ ピー ニュー イヤー ウィー
Fine
D.S.

ラクに弾けちゃうポイント
「wish」の音は少しスタッカートぎみに弾くとかわいくなります。最後のFineは２拍目で切りますので注意。

カレンダーマーチ

作詞：井出隆夫　作曲：福田和禾子

ここマス！

この歌のここがマスト！

1年を4か月ずつの3番に分けて歌います。季節感とイベントをしぜんに教えるのにピッタリな曲ですよ。

元気よくはずんで
F C G7 C C Cdim C
1.いちがつ いーっぱい ゆきよふれ
2.ごがつ だごらんよ こいのぼり
3.くがつ だくりのみ もうあきだ
G Gdim G C
にがつのにわには ふくじゅそう さんがつさむさに
ろくがつろうかに てるてるぼーず しちがつしようよ
じゅうがつじゅうごや おつきさま じゅういちがつじゅんびだ
Cdim C G G7 C C
さようなら しがつにしょうがく いちねんせい
みずあそび はちがつハアハア あああつい カ レーン カレーン カ
ふゆがくる じゅうにがつジングルベル クリスマス
C G Gdim G G7 C
レンダーマーチ いちねん たーったら またおーい で

ラクに弾けちゃうポイント　左手はスタッカートで。右手の2か所の指くぐりに気をつけましょう。

冬

うぐいす

作詞：林柳波　作曲：井上武士

ここマス！

この歌のここがマスト！
短いフレーズに1オクターブの音域。歌詞の風情もいいですが、ゆっくりと音程を確認して歌うといい練習になりますよ。

ラクに弾けちゃうポイント　ペダル推奨。特に難しいところはありませんが、全体的に滑らかに弾くようにしましょう。

どこかで春が

作詞：百田宗治　作曲：草川信

ここマス！

この歌のここがマスト！
春がくるという言い方がふつうですが、春が生まれているというこの歌詞に子どもの情操が刺激されます。

ゆったりと優しく
G D7 G
レ シ ミ レ ソ シ ラ シ ソ
シソ シソ レ ド シソ シソ シソ
G Gsus4 G A
レ シ ミ レ シ レ シ ミ レ ソ ラ シ ソ
1.どこーかではるーがうまれて
2.どこーかでひばりがないてい
シソ ドソ シソ シソ ミ ♯ド
D G Gsus4 G
ラ レ シ ミ レ シ レ シ ミ
るー どこーかでみずー
るー どこーかでめので
♯ファレ レ ド シソ ドソ シソ

ラクに弾けちゃうポイント ペダル推奨。特に難しいところはありませんが、各フレーズの弾き始めの指番号は守りましょう。

どこかで春が

D7 G G
レ ソ シ ラ シ ソ シ ド
が な が れ だ す ー 3.や ー
る お と が す る ー
シ ソ レ ド シ ソ シ ソ レ ソ
Am D G
レ シ シ ラ ソ ラ シ ド レ シ
ま の さん が ー つ こ ー ち ー
レ ソ ミ ド #ファ レ レ ソ レ ソ
A7 D G Gsus4 G
シ ラ ソ ラ レ シ ミ レ シ レ シ ミ
ふ い ー て ど こ ー か で は る ー
ミ #ド レ ド シ ソ ド ソ シ ソ
D7 G
レ ソ シ ラ シ ソ
が う ま れ て る ー
シ ソ レ ド シ ソ シ ソ

3

発表会・卒園式のうた

～感動マスト！　思い出に残る名曲 10 ～

発表会・卒園式に使える名曲を10曲セレクト。
ほかの章と比べて少し難しくなっているかもしれませんが、
本番でも聴きごたえバッチリのゴージャスバージョンです。
ほぼすべての曲がペダルを使うことを前提にしてあるアレンジなので、
ペダルが苦手な人は6・7ページ（一流「ペダリスト」への道）を読んでください。

ともだちになるために

作詞：新沢としひこ
作曲：中川ひろたか

この歌のここがマスト！
どんな人ともきっとわかり合えるという希望が込められた歌です。発表会でも感動する１曲になるでしょう。

ラクに弾けちゃうポイント 左手の和音は重く強く弾くと曲のイメージから遠ざかってしまうので、優しくのどかな響きになるように。

F C Dm G7 C C Em F
ラ ラ ソ ファ ミ レ レミレ ド ド ミ ド ソ ラ ソ ファ ファ ソ
きっ と わ かり あ えーる さ い まま で で あ ーった た く
も と め あーっ て いるの さ
だ れ に でも あ るーか ら
し あ わ せに は ならな い
ファ ラ ド ファ ミ ド レ ド ファ レ ラ シ ソ ファ ミ ド ソ ミ レ ミ ド ミ ド ミ シ ミ シ ド ラ シ レ
C F C D7 G7 C
ミレド ファファファファ ミ ミ ミミミ レレレ レレレ ソソソ ソラソ ミ レ ド ソ ラ ソ
さんの きみとき みと きみと きみと きみと きみと きみと こ れか ら で あ
ミ ド ド シ ド ラ ド ラ ド ソ ド ソ ラ ♯ファ ラ ♯ファ シ ソ ラ シ レ ド ミ ソ ミ ド ミ
F C Dm G7 C Am Dm G7 C F
ファ ファ ソ ミレド ファファファファ ミ ミ ミミミ レレレ レミレ ド ラ ド ラ ド
う たく さんの きみとき みと きみと きみと ともだ ち
ファ ド ファ ド ミ レ ド ファ レ レ シ ミ ド ド ラ ラ ファ シ ソ ミ ド ミ ド ファ ド ファ ド
G7 Am F G7 C
ソ シ ファ レ ミ ド ファ ラ ファ ラ ミ ソ レ シ ド ド ミ
rit.
ソ レ ソ レ ラ ミ ラ ミ ラ ラ ソ ソ ファ ド ファ ド ソ ソ ファ レ ミ ド ラ ファ ソ ミ ファ レ ド

空にはつきないゆめがある

作詞：成瀬左千夫　作曲：京嶋信

ここマス！

この歌のここがマスト！

常に変わっていく空に子どもの夢は大きく羽ばたきます。虹・雲・星とすてきな歌詞がいっぱい登場します。

ラクに弾けちゃうポイント　歌い出しから５小節間は二組に分かれての掛け合いのハーモニーが楽しめます。ぜひチャレンジしてみて。

D G C D7 G
mf
♯ファ ソ ラ レ シ シ ラ ソ ド ド ド シ ラ シ
て びょう し と ん と ん か け あ し ー で
ふ う わ り て ん ま の ゆ く ま ま ー に
お お き い つ ば さ で ど こ ま で ー も
レ ラ ラ ラ レ シ シ シ ド ソ レ ラ ソ ソ ソ ♯ファ ミ レ ド
♯ファ ♯ファ ♯ファ ソ ソ ソ ミ ♯ファ
G C A7 D G D7 G
f
レ レ レ シ ソ ソ ソ ミ レ シ ド シ ラ ソ ソ
シ
わ た っ て み た い な に じ ー の は し
ま わ っ て み た い な つ き ー の く に
と ば し て み た い な ほ し ー の は ら
シ ソ ソ ソ ド ソ ♯ド ソ レ シ レ ド ソ シ レ シ レ ソ ソ
レ レ レ ミ ミ ソ ラ ソ

あおいそらにえをかこう

作詞：一樹和美　作曲：上柴はじめ

ここマス！

この歌のここがマスト！
エイ！ ヤァ！ と元気いっぱいな子どもたちの声が会場に響く楽しい歌。保護者の方も懐かしいと喜ぶかもしれませんよ。

力強く
F G7 Em7 Am Dm G7 C Csus4 C
ファ ラ シ ド シ ソ シ ド レ ド ファ ファ ファ ファ ファ ミ レ ド ド
1.あ
F G Em A7 Dm G7 C C7
ラ ラ ラ ソ ファ ソ ファ ミ ファ ソ ミ ファ ファ ファ ファ ミ レ ミ ソ ド
お ーいそらに えをかこう お おきなおおきな ふね あ
ろ ーいくもの マストには い ーっぱいいっぱい かぜ あ
し ーのランプに ひがともる ち いさなちいさな ゆめ な
F G7 Em Am Dm G C Csus4 C
ラ ラ ラ ラ ラ ソ ファ ソ ソ ソ ド ファ ミ レ ド レ ミ ド ド ド
の ふねにのって しゅっぱつだ ぼくらのしま へ あし
こ うくぐーもの かじとって ぼくらのしま へ あし
が ーれぼーしを おいかけて もうすぐあした へ ぼく

ラクに弾けちゃうポイント 左手は二分音符以外、テヌート指定以外はスタッカートで。右手も少し跳ねぎみにすると元気よく聞こえます。

F C Dm G C C7
ド ド ド ド ド ソ ソ ソ ソ ファ ファ ラ ソ ファ ミ ミ ファ ソ ド ド
たはーエイ!ヤァ!あした はエイ!ヤァ!あした は ぼくらの せかーいだ あし
たはーエイ!ヤァ!あした はエイ!ヤァ!あした は ぼくらの せかーいだ あし
らのーエイ!ヤァ!ぼくら のエイ!ヤァ!ぼくら の せかいに とうちゃくだ ぼく
ラ ファ ラ ファ ミ ド ミ ド ラ レ ラ レ ソ シ ソ シ ソ ド ソ ド ♭シ ド ♭シ ド
1.2.
F C Dm G C Csus4 C
ド ド ド ド ド ソ ソ ソ ソ ファ ド シ ラ ソ ド ド
たはーエイ!ヤァ!あした はエイ!ヤァ!ぼくら のせかいーー だ 2.し
たはーエイ!ヤァ!あした はエイ!ヤァ!ぼくら のせかいーー だ 3.ほ
らのーエイ!ヤァ!ぼくら のエイ!ヤァ!せかい にとうちゃーく
ラ ファ ラ ファ ミ ド ミ ド ラ レ ラ レ ソ シ ソ シ ミ ド ファ ド ミ ド ミ ド
3.
C Csus4 C Dm G C Csus4 C
ド ファ ファ ソ ラ ラ シ ド ド ド ド ド ド
だ
ミ ド ファ ド ミ ド ミ ド ファ レ ファ レ ソ シ ソ シ ミ ド ファ ド ミ ド

世界に一つだけの花

作詞・作曲：槇原敬之

ここマス！

この歌のここがマスト！
もはやだれでも知っている有名曲になりましたね。サビの歌詞は手話の振り付けをするともっとすてきになります。

ラクに弾けちゃうポイント ペダル必須曲。右手の連打が多いので速く弾き始めると、後でつらくなります。

F B♭ C F Dm B♭ G7 C
ファファファファ ファファファファファ ファ ソ ソ ラ ラ ファファファ ドド ♭シ ラ ソ レ ファミ ド
のなかーでだれがーいち ばんだなーんて あらそーうことーも しなーいで バ
ーっとーみせーかーら でてーきた そーのーひとがーか かえてーいた い
ラ ラ レ レ ミ ミ ラ ラ ラ ラ ファ ファ ファ ファ ソ ソ
ファ ファ ♭シ ♭シ ド ド ファ ファ レ レ ♭シ ♭シ シ シ ド ♭シ
F B♭ C A7 Dm B♭ C F
ファファファ ファファファファファ ファファ ソ ソ ラ ラ ファファファ ドド ♭シ ラ ラ ソ ファファ
ケツのーなかーほーこー らしーげに しゃんとーむねをーは ーってーいる
ろーとーりどーりーのー はなたーばと うーれーしそうーな よこーがお
ファ ファ ファ ファ ミ ミ ラ ソ ラ ラ ファ ファ ソ ♭シ ラ ラ
ラ ラ ♭シ ♭シ ド ド ♭レ ♭レ レ レ ♭シ ♭シ ド ド ファ ファ
E♭ Dm E♭ B♭
ソ ソソ ソソ ソ ソ ラ ラ ソ ファファ ソ ソ ソ ソ ラ ラ ♭シ♭シラ ソ ファ
ソファファファ ファファ レ ラ ♭シ ファ レ
それなーのにぼくーら にんげーんは どうしーてこうもーく らべたーがる?
なまえーーもしらなーか ったけーれど あ のひぼーくにえーが おをくーれた だ
♭ミ ソ ♭シ ♭ミ ソ ♭シ レ ファ ラ レ ファ ラ ♭ミ ソ ♭シ ♭ミ ソ ♭シ レ ファ ♭シ レ ファ♭シ
Ped. Ped. Ped. Ped. simile

世界に一つだけの花

C C7/B♭ F Dm G G7 C
ソ ソソ ソ ソ ソ ソ ラ ♭シ
ソ ソ ラ
♭シ ♭シ ラ ソ ファ ファ
ソ ソソ ソ レ レ ラ ソファ
ソ
ひとりー ひとりちがうのに そのなーかで い ちばんーになりたーがー る?
れもきー づかない よー うなばーしょで さ いてたーはなのよーうー に
Ped.
C7 F B♭ C A7 Dm B♭
ソ ラ ♭シ ラ ソファ
ファファファファ ド ド ♭シ ラ
ソ ラ ♭シ ラ ソファ
ファファファファ ラ ラ ソ レ
そうさーぼくらは
そうさーぼくらも
せかいーにひとーつ だけーのはなー ひとりー ひとりち
Ped. Ped. Ped. Ped. Ped.
simile
G7 C F B♭ C A7 Dm G7
ファファファファ ソ ラ ソファ
ファ ファファ ド ド ♭シ ラ
ソ ソ ラ ♭シ ラ ソファ
ファ ファ ラ ラ ソ ファ
がうたーねをもつ そのはーなをさーか せるこーとだけに いっしょーうけんめいーに

優しく少しゆっくりと
C F F B♭ C A7 Dm B♭
ファファミ ファファ ファ ファ ド ド ♭シ ラ ソ ラ ♭シ ラ ソファ ファファファ ラ ラ ソ レ
な れば ー い い ちい さー い は な ー や おお きー な は なー ひ とつー と し て ーおな
ミ ド ♭シ ド ラ ファ ファ ラ ファ ♭シ ファ ド ミ ♭レ ミ レ ラ レ ♭シ
Ped. Ped. simile
G7 C F B♭ C A7 Dm G7
ファ ファファファ ソ ラ ソファ ファ ファ ド ド ♭シ ラ ソ ソ ラ ♭シ ラ ラ ソ ファファファ ラ ラ ソ ファ
じ もの ー はない から ナン バー ーワン に ー な らなくーてもいい ー もとも ー ととく べーつな
シ ソ ド ♭シ ミ ラ ファ ラ ファ ファ ♭シ ファ ♭シ ミ ド ミ ド ソ ♭レ ラ ♭レ ラ レ ラ レ ソ シ ソ シ
だんだんゆっくりと
8va
C F F B♭ C A7 Dm G C7 F
ラ ソファファ ファ ファ ド ド ♭シ ラ ソ ラ ♭シ ラ ソ ファ ファ ラ ラ ソ ファ ラ ソファファ
オン リーワン ラ ラーララ ラーラ ラ ラーララ ラ ラ ラーララ ラーラ ラ ラーラ
8va
ミ ド ♭シ ド ラ ファ ラ ファ ファラ ド ♭シレ ファ ド ミ ソ ♭レ ラ レ ラ ファレ レ シ ド ♭シ ミ ラ ファ

3 発表会・卒園式

発表会

花は咲く

作詞：岩井俊二　作曲：菅野よう子

ここマス！

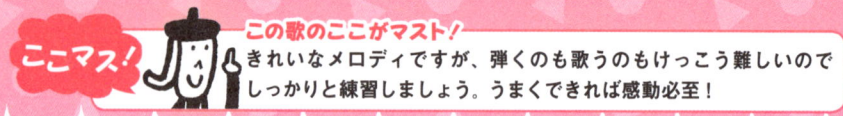

この歌のここがマスト！

きれいなメロディですが、弾くのも歌うのもけっこう難しいのでしっかりと練習しましょう。うまくできれば感動必至！

1.まっ
しろな ゆきみ ち に はる かーぜーか お る わた
らーの むこう ーの あさ のーけーは い に わた
しーは なつか しい あの まちをおもいだ す かな
しーは なつか しい あの ひびをおもいだ す きず
え たい ゆめ も あっ た かわ り た い じぶ ん もいた いま
つ い て きず つ け て むく わ れ ず ない た りして いま

ラクに弾けちゃうポイント　ペダル推奨。弾いてみると予想以上に難しいです。左手の音が跳ぶので注意しましょう。

F B♭m/D♭ Dm7 F/E♭ B♭M7 F/A Gm(11) Gm(11)/C F Csus4
はただ なつかしい あの ひとをおもいだ す
はただ いとおしい あの ひとをおもいだ す
F/C Gm7/C F/C Fsus4/C 1. F/C Gm7/C F/C Fsus4/C
だれかのうた が きこえる だれかをはげ ましてる
だれかのえが お がみえる
2. F/C Gm7/C F/C Fsus4/C F Gm(11) F/A B♭
かなしみのむこ うがわに は な はは なは はなはさく い
F/A B♭ Gm(9) Gm(11)/C C F Gm(11) F/A B♭
つーかうまれる きみに は な はは なは はなはさく わ

花は咲く

F/A B♭ Gm(11) Gm(11)/C F Gm(11) F/A B♭
ド ラ ド ♭シ ラ ソ ファ ソ ラ ド ソ ファ ラ ド ファ ソ ド ラ ド ファ ミ レ ♭シ
ラ ソ ♭シ ♭シ ファ
た しはなにをの こしただ ろう
ラ ド ファ ♭シ レ ファ ラ ファ ミ ファ ラ ファ ソ ♭シ ファ ラ ド ファ ♭シ レ ファ
ソ ♭シ
F/C Gm(11)/C F Fsus4 F Fsus4
ラ ♭シ ラ ソ ファ ソ ド ド ド ファ ソ ラ ド ド ド ♭シ
ファ ♭シ ラ ファ ミ ファ
2.よ ぞ
ド ファ ラ レ ド ♭シ ラ ソ ♭シ ファ ラ ファ ド ファ ラ ファ ド
♭シ ♭シ
D.S.
F/C Gm7/C F/C Fsus4/C 1. F/C Gm7/C F/C Fsus4/C
ド ドドレ ド♭シ ド ファソファソ ド ドドレ ド♭シ ド ファラソ
だ れかの おも い がみえる だ れかと むす ば れてる
だ れかの みら い がみえる
ラ ♭シ ラ ♭シ ラ ♭シ ラ ♭シ
ファ ファ ファ ファ ファ ファ ファ ファ

2.
F/C Gm7/C F/C Bm7♭5 B♭/C C7 F Gm(11) F/A B♭
かなしみの むこ う がわに は な はは なは はなはさく い
F/A B♭ F/A Gm(11)/C C F Gm(11) F/A B♭
つ ーかうまれる き みに は な はは なは はなはさく わ
F/A B♭ Gm(11) Gm(11)/C F Gm(11)/C F Gm(11) F/A B♭
た しはなにをの こしただろう は な はは なは はなはさく い
な はは なは はなはさく い

3 発表会・卒園式

花は咲く

F/A B♭ Gm(9) Gm(11)/C F Gm(11) 1. F/A B♭ C
ド ラ ド ♭シ ラ ソ ファ レ ラ ラ ド ファ ファ ソ ファ ソ ラ ド ファ ミ レ レ
ラ ファ ファ ミ ド レ ミ ♭シ
つ ーかうまれる き み に は な はは なは はなはさく わ
つ ーかうまれる き み に は な はは なは
ラ ド ファ ♭シ レ ファ ラ ソ ♭シ ファ ド ♭シ ファ ラ ファ ソ ♭シ ファ ラ ド ファ ♭シ レ ファ
Dm7 Gm7 B♭M9 B♭M9/B Gm(11)/C 2. F/A B♭ F/A B♭
ド ラ ド ♭シ ラ ソ ファ ソ ラ ド ソ ファ ド ラ ド ファ ミ レ レ ド ラ ド ♭シ ラ ソ ファ
ラ ファ ド ミ ♭シ ラ ファ
た しはなにをの こしただろう は はなはさく い つ かこいするき
ラ ド ファ ♭シ レ ファ ラ ファ ミ ファ ド ラ ド ファ ♭シ レ ファ ラ ド ファ ♭シ レ ファ ラ
ソ ♭シ ♭シ
Gm(11) Gm(11)/C F Gm(11) F/A B♭ F/A B♭ Gm(11) Gm(11)/C F
ソ ラ ド ソ ファ ド ♭シ ド ファ ソ ラ ド ファ ミ レ ♭シ レ ド ファ ♭シ ラ ソ ファ ファ ファ ファ
ド ファ ド ファ ド ♭シ ラ
みのため に
ファ ミ ファ ド ファ ソ ♭シ ファ ラ ド ファ ♭シ レ ファ ラ ド ファ ♭シ レ ファ ラ ソ ド ファ ド ラ
ソ ド

はじめの一歩

作詞：新沢としひこ
作曲：中川ひろたか

ここマス！
この歌のここがマスト！
夢を持って明日への一歩を踏み出そうという希望にあふれた歌詞が感動を呼びます。

明るく
F G Am F G C
mf
C G Am7 F G C
p
1.ちいさなとりが うたっているよ
2.しんじることを わすれちゃいけない
simile
F G Am7 D G
ぼくらーにー あさが おとずれた よーとー
かならーずー あさは おとずれる かーらー
C G Am7 F G C
mp
きのうとちがう あさひがのぼる
ぼくらのゆめを なくしちゃいけない

ラクに弾けちゃうポイント　卒園式用に編曲したため左手の音数が多いですが、その分右手は簡単ですので落ち着いて弾きましょう。

はじめの一歩

F G Am7 Dm G C
ラ ラ シ ド レ シ ド シ ラ ラ ラ ラ ラ シ ド レ ド ミ ファ ソ
か わ の ー な ー が れ も か が や い て ー い る は じ め
き ーっ と ー い ー つ か は か な ー う は ず だ よ は じ め
ファ ラ ド ソ シ レ ラ ミ ラ ソ ファ ミ レ ファ ラ ソ ファ ミ レ ド ミ ソ ファ ミ ド
F G C F G C
mf
ド シ ラ ソ ミ ファ ソ ド シ ラ ソ ミ ファ ソ
の い ーっ ぽ あ し た に い ーっ ぽ きょ う か
の い ーっ ぽ あ し た に い ーっ ぽ きょ う か
ファ ド ファ ソ レ ソ ド ソ ド シ ド ファ ド ファ ソ レ ソ ド ソ ミ レ ド
F G Am Am7 D G7 C
ド シ ド レ シ ド シ ラ ラ ラ シ ラ シ ド ミ ファ ソ
ら な ー に も か も が あ た ら ー し い は じ め
ら な ー に も か も が あ た ら ー し い は じ め
ファ ド ファ ソ レ ソ ラ ミ ラ ソ レ ラ レ ソ レ ソ ド ソ ド シ ド
Ped. Ped. Ped. Ped.

F G C F G C
f
ド シ ラ ソ ミ ファ ソ ド シ ラ ソ ミ ファ ソ
の い ーっ ぽ あ し た に い ーっ ぽ ゆ う き
の い ーっ ぽ あ し た に い ーっ ぽ う ま れ
ド ド レ レ ミ ミ ミ ド ド レ レ ミ レ ミ
ファ ファ ソ ソ ド ド ド ファ ファ ソ ソ ド ド
Ped. Ped. Ped. Ped. simile
F G Am Am7 F G C
ド シ ド レ シ ド シ ラ ラ ソ ラ ド シ ド レ ド
を も ーっ て お お き く い ーっ ぽ あ る き だ せ
か わ ーっ て お お き く い ーっ ぽ あ る き だ せ
ド ド レ レ ラ ラ ソ ド ド レ レ ファ ミ レ ミ
ファ ファ ソ ソ ラ ラ ソ ファ ファ ソ ソ ド ド
F G Am F G C
ラ ソ ラ ド シ ド レ ソ ファ ミ レ ド ラ シ ド ラ シ ド レ ファ ファ ミ
ド ド
mp rit.
ファ ド ファ ソ レ ソ ラ ミ ラ ソ ファ ミ ファ ド ファ ソ レ ソ ド ラ ソ ファ ド

今日の日はさようなら

作詞・作曲：金子詔一

ここマス！
この歌のここがマスト！
最近では少し定番から外れましたが、やっぱり歌詞もフレーズも名曲です。たまには正統派もいいのでは？

ゆったりと
F G7 C
ド レ ラ ソ レ ミ ド
ファ ラ ド ファ ソ シ レ ファ ミ ド ソ ファ ミ ド ファ ソ
C F C Am
ソ ミ ファ ソ ラ ラ ラ ソ ソ ファ ミ
1.い つ ま で も た え る こと な く
2.そ ら を と ぶ と り の よ う に
3.し ん じ あ う よ ろ こ び ー を
ド ミ ソ ド ファ ラ ド ミ ソ シ ラ ド ミ ソ
F D7 G G7
ラ シ ド #ド レ ラ ミ レ
と も だ ち で い よ う
じ ゆ う ー に い き る
た い せ つ に し よ う
ファ ラ ド #ファ ラ ド ソ シ レ ソ レ ソ ファ

ラクに弾けちゃうポイント　ペダル推奨。特に難しいところはありません。

C F C Am
ソ ミ ファ ソ ラ ラ ラ ソ ミ レ ド ド
あ す の ひ を ゆ ー め み ー て き
きょ う の ひ は さ よ う な ー ら ま
きょ う の ひ は さ よ う な ー ら ま
ド ミ ソ ド ファ ラ ド ミ ソ シ ラ ド ミ ソ
F G7 C 1.2.
レ ラ ソ レ ミ ド
ぼ う の み ち を
た あ う ひ ま で
た あ う ひ ま で
ファ ラ ド ソ レ ソ ファ ミ ド ソ ファ ミ ド レ ミ
3. C F G7 C
ド レ ラ ソ レ ミ ド
ま た あ う ひ ま で
ミ ド ラ ファ ファ ソ ミ ド ソ シ ドソミ

3 発表会・卒園式

ありがとうこころをこめて

作詞・作曲：山崎浩

ここマス！

この歌のここがマスト！
卒園まで見守ってくれた保護者や先生、友達に対する感謝がいっぱい込められた曲。お母さんたちも思わずホロリ…。

ゆったりとやさしく
simile
い
つ のまに か ぼくたちは ひと りであるい てい たよ ろ
く ねんまえ に このよにうまれた ちい さなこ のい のち はれ
たひにも ゆき のひにも げん きなときも びょう きのときも かわ
かをして なか なおりして ない てわらって はげ ましあって みん
たひにも ゆき のひにも げん きなときも びょう きのときも かわ

ラクに弾けちゃうポイント スラーは書いていませんが、右手も左手もフレーズの切れ目となるブレス記号や休符まで滑らかに弾くように。

B♭ C F Dm B♭ G7 C C7
♭シ ♭シ ♭シ ラ ソ ソ ♭シ ド ド ド ♭シ ラ ラ ソ ファ ファ ファ ファ ファ ファ ミ ファ ラ ソ ド
らないやさしい まなざしがぼく たちをつつんでく れた き
なといっしょにわ たしたちはおお きくおおきくなれ たよ
らないやさしい まなざしがぼく たちをつつんでく れた
レ ♭シ レ ♭シ ミ ド ソ ラ ファ ソ ミ ファ レ ド レ ♭シ ファ レ シ ソ ミ ド ソ ♭シ ド
F C Dm Am B♭ C B♭ F
ファ ミ ファ ソ ♭シ ラ ソ ソ ファ ファ ファ ミ レ レ ミ ファ ソ ラ ♭シ ♭シ ラ ド
がつけばは るのかぜがあん なにうたって てい るよ あ
ファ ラ ド ファ ミ ソ ド ミ レ ファ ラ レ ド ファ ラ ド ♭シ レ ファ ♭シ ド ミ ソ ド ファ ラ ド ラ ファ ラ ミ ソ
Dm C F Dm B♭ C to⊕ 1. B♭ F
ファ ミ ファ ソ ♭シ ♭シ ラ ソ ソ ファ ファ ファ ミ ファ レ ソ ファ ミ ファ ソ ソ ファ ファ ミ
りがとう ここ ろをこめてありが とう そして さよ なら
レ ファ ラ レ ド ミ ソ ド ラ ファ ソ ミ ファ レ ミ ド ♭シ レ ソ レ ド ソ ド ♭シ ♭シ ファ ラ ファ
B♭ C7 F F C Dm F
レ ソ ファ ミ ファ ド ファ ミ ファ ソ ♭シ ラ ソ ソ ファ ファ ファ ミ
ど こまでもはる かなみちをある
ファ ♭シ ソ ド ラ ファ レ ド ♭シ ラ ファ ラ ファ ソ ミ ファ ミ レ ド

3 発表会・卒園式

ありがとうこころをこめて

みんなともだち

作詞・作曲：中川ひろたか

ここマス！

この歌のここがマスト！
小学校を意識しつつも過去を振り返り、みんないっしょに大きくなったという部分がいちばんの感動になるのではないでしょうか。

楽しくはずんで
G G7 C
みんな
F B7 Em A7
ともだちー ずーっとずっと ともだちー がっこう
ともだちー ずーっとずっと ともだちー おとなに
Dm G 1.C C7
いって もー ずーっと ともだ ち Yeah ー みんな
なって もー ずーっと ともだ
2.C G C
ち
みんないっしょにー
みんないっしょにー

ラクに弾けちゃうポイント 左手の♫の音型は右手メロディの邪魔にならないよう、音量を抑えて軽くリズミカルに弾きましょう。

みんなともだち

C A Dm
ミ ミミ ミミ ファ ソ ファ ファ ファファ ソ ラ
うたをうたーった みんないっしょにー
プールであそんだ みんないっしょにー
G C
mf
2番は( )の音も弾く
えをかいた みんないっしょにー
ロボーットをつくった みんないっしょにー
C A Dm
おさんぽをした みんないっしょにー
かけーっこをした
G C F B7
f
おおきくなーった みんなともだちー ずーっとずっと

Em A7 Dm G
ソ ソ ♯ファ ソ ソ ラ ソ レ ♯ド レ レ ド シ ド レ
ともだちー がっこう いってもー ずーっとともだ
C C7 F B7
ミ ソ ミ ファ ソ ラ ラ ♯ソ ラ ド ド シ ラ
ち Yeah ー みんな ともだちー ずーっとずっと
Em A7 Dm G 1.C
ソ ソ ♯ファ ソ ソ ラ ソ レ ♯ド レ レ ド シ ド レ ド
ともだちー おとなに なってもー ずーっとともだ ち
G C 2.C
みんな
rit.
p

みんなおおきくなった

作詞：藤本ともひこ
作曲：中川ひろたか

ここマス！
この歌のここがマスト！
卒園ソングになりますが、歌詞の内容的には保護者や先生方が歌ってあげるほうが感動的になると思います。

ゆったりとおしゃれに
C Cm6 Bm E Am D7 G G6
GM7 G6 G G6 GM7 G6 G E
Am7 D Am Am6 Am7 Am6 D Daug
1.あ
んなになきむしだ ったきみがい っしょにここーにい る
んなによわむしだ ったきみがい っしょにここーにい る
あ んなにちいさかっ たーきみがと もだちとここにい
あ んなにわがままだ ったきみがと もだちとここにい

ラクに弾けちゃうポイント　ペダル推奨。右手はあまり跳ねすぎずに滑らかに。同じ音の連打でリズムが詰まらないように注意して。

G G G6 GM7 G6 Dm G
レ シ レ シ シ レ ミ シ シ ミ ♯ファ シ シ ♯ファ ミ シ レ レ レ シ ラ ソ ラ
る ひ とりであるけなか ったきみが い っしょにここにい
る み んなとあそべなか ったきみが い っしょにここにい
ソ ソ ♯ファ ♯ファ ソ レ ソ ミ ソ ♯ファ ソ ミ ファ ド ソ ファ
レ レ レ レ シ シ シ シ ラ シ
C E7 Am C Cm Bm E Am7 D
ミ ミ ソ ソ ソ ソ ラ ラ ソ ラ シ レ レ ♯ファ ミ ミ ド ド ド ド シ シ ラ ラ
る ひ とりでうたえなか ったきみが と もだちとうたって
る み んなとうたえなか ったきみが と もだちとうたって
ミ シ ミ ド ソ ド ソ シ ♯ファ ♯ソ ミ ラ ミ ラ ♯ファ
ド ド ラ ミ ♭ミ レ シ ド レ
G D Em D G G6 GM7 G6 G Dm7
ソ ソ ラ シ シ ド シ ラ ソ シ ソ ラ シ シ シ ド シ ラ ソ
る
る
みん なつよくなっ た みん なやさしくなっ
ソ レ ミ ♯ファ ソ レ ソ ミ ソ ♯ファ ソ ミ ソ レ ファ レ
ソ シ シ シ シ シ ラ

3 発表会・卒園式

みんなおおきくなった

C G Am7 Am E Am7 Cm G D7 to
ラ ラ シ ド ド ド ド レ ド シ ラ ド レ ド シ シ ラ ソ ♯ファ ラ
た みん ないいかおになっ た みん なおおきくなっ
ミ ド シ ミ ド ラ ラ ミ ド ♯ソ ミ シ ラ ミ ド ソ ♭ミ ド レ シ ソ レ ド ♯ファ
1. 2.
G G6 GM7 G6 G D Em D C Cm
ソ レ シ レ ミ ♯ファ シ ♯ファ ミ シ ソ ソ ラ ソ ラ ラ ソ ラ
た 2.あ た みん た
シ ソ レ ミ ソ ソ ♯ファ シ ミ ソ シ ソ レ ミ ド ♯ファ ラ シ ソ レ ♭ミ ド
D.S.
Bm E Am D G C G Am7 G9
シ レ ♯ファ ミ ミ ド ド ド ド シ ♯ファ ラ ソ ミ ソ レ ソ ド ソ シ
poco rit.
シ ♯ファ レ ミ ♯ソ レ ラ ミ ド レ ド ♯ファ シ ソ ソ ド ソ シ ソ ラ レ ソ

4

先生たちのリクエスト

～きっとあなたにもマストになる名曲 30 ～

現場の先生たちからの「あの曲の楽譜ないの？」におこたえします。
子どもといっしょに楽しめる遊び歌から、テレビで放送された懐かしの名曲までいっぱい。
あなたの探していた曲もあるかも!?

マーチング・マーチ

作詞：阪田寛夫　作曲：服部公一

ここマス！

この歌のここがマスト！
短調の曲なのに不思議と楽しい歌。お散歩のときにも歌うと子どもたちの足もしぜんと前に出るでしょう。

勇ましく
Dm A7 Dm Dm A7 Dm
1.~3.
マーチったらチッタカタァ こうしんだ
Dm to A7 Dm A7
マーチったらチッタカタァ こうしんだ
みぎあしくーん ひだりあしくん
バスみちくーん どろみちくん
ふるぐつくーん ぼろぐつくん
Dm C B♭ A Dm C B♭ A Dm C B♭ Edim Dm A
かわりばんこ かわりばんこ ぼくをはこんで
ざっくざっくぼっこぼっこ ざっくざっくぼっこぼっこ いいおとならして チッタカタッタッタァ
ひだりみぎひだりみぎ 1 2 3 4 ぼくをはこんで

ラクに弾けちゃうポイント　左手は全体的にスタッカートぎみに。右手が大変なので注意。「かえるのおへそ～」は滑らかに弾くとキレイ。

1.2.
3.
Dm
A7
Dm
A7
Dm
C
ラ ソ ファ ソ ラ ラ ラ
のっ ぱら へ つれていけ
ソ ソ ソ ファ ミ レ
チッ タ カタッ タッ タァ
ソ ソ ソ ファ ミ レ ミ
チッ タ カタッ タッ タァ
ファ レ ラ ファ レ ラ
ミ #ド ラ ファ レ ラ
ミ #ド ラ ファ レ ソ ド
F
F
Gm
ド ド ド レ ミ ファ
か か か え る の
ラ ラ ラ
お へ そ
ド ド ド レ ミ ファ
み み み みず の
♭シ ♭シ ♭シ
め だ ま
ラ ファ ド ラ ファ ド
ラ ファ ド ラ ファ ド
ラ ファ ド ラ ファ ド
♭シ ソ レ ♭シ ソ レ
C
C#dim
C
C#dim
A7
ソ ファミ ファ ソ ファミ ファ
あ るの か な いの か
ソ ファミ ファ ソ ファミ ファ
な いの か あ るの か
ソ ミ ソ ミ ソ ミ ソ ミ
み に い こ
ラ #ド
う
ソ ミ ド ソ ミ #ド
ソ ミ ド ソ ミ #ド
ミ ミ #ド #ド
ラ ソ ファ ミ
D.S.
A7
Dm
ソ ソ ソ
チーッ タ カ
ラ ラ
ターッ ター
レ
タァ
ー
ミ #ド ラ ミ #ド ラ
ファ #ド ラ ソ #ド ラ
ファ レ ラ ファ レ ラ
ファ レ ラ レ

朝一番早いのは

作詞：阪田寛夫　作曲：越部信義

ここマス！

この歌のここがマスト！
子どもたちが寝ている間に働き出す人たちもいるんだよ、と伝えるにはいい曲です。最後にしっかりオチもありますね。

元気よく
G G7 C C
レ ソソソ レ ソソド ラソドドドド ドミレドソ ドシ
1.あさいちばん はやいのは パン
2.そのつーぎは ぎゅうにゅうやさん めが
3.まだまーーだ はやいのは しん
4.あさいちばん おそいのは ぼく
D G G C
ラ ミソソソ ソ #ソ ラ #ソ ラ #ソ ラ ファ ミレレレレ ミソソソソ
やーのおじさん あーせかーいて あかいかお
ねーのにいさん カーチャカチャカチャ じてんしゃで
ぶんーのはいたつ キューーキュキュキュと しごいては
んちのにいさん たーたこーうが ゆすろうが

ラクに弾けちゃうポイント　両手とも弾んで弾きましょう。４番カッコからは脱力っぽく弾くとおもしろさが増しますよ。

Am Dm G7 C
1.～3.
G G7 C
しろいこーなこねる
ぎゅーうにゅうーをくばる
はーいちょうかんおはよう
ぐーうぐーうねてる
ヨイコラショ ヨイコラショ
カチャカチャ カチャカチャ
キュキュキュキュ キュキュキュキュ
4.
C C6 C C6 C C6
グー フンガフンガ グー フンガフンガ グー フンガフンガ
C C6 G G7 C
グー フンガフンガ

大きなうた

作詞・作曲：中島光一

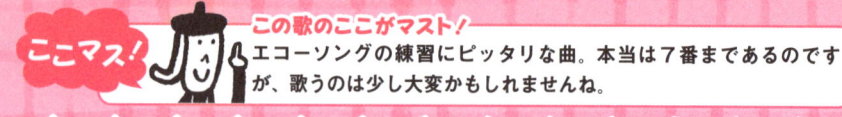

ここマス！

この歌のここがマスト！
エコーソングの練習にピッタリな曲。本当は７番まであるのですが、歌うのは少し大変かもしれませんね。

ラクに弾けちゃうポイント 左手の四分音符はスタッカートにしましょう。子どものエコーパートは必要に応じて弾いてください。

おお牧場はみどり

訳詞：中田羽後　© 中田羽後（教文館）
チェコスロバキア民謡

ここマス！
この歌のここがマスト！
自然へのあこがれを歌い、広大な自然に思いをはせるいい歌詞です。

ラクに弾けちゃうポイント　右手の指くぐりがたくさん出てくるので確実に。前半は元気よく、後半は滑らかに弾くとキレイになります。

おなかのへるうた

作詞：阪田寛夫　作曲：大中恩

ここマス！
この歌のここがマスト！
子どもはしょっちゅうおなかペコペコ。そんなつらさを「くっつくぞ！」と表現するおもしろい歌詞ですね。

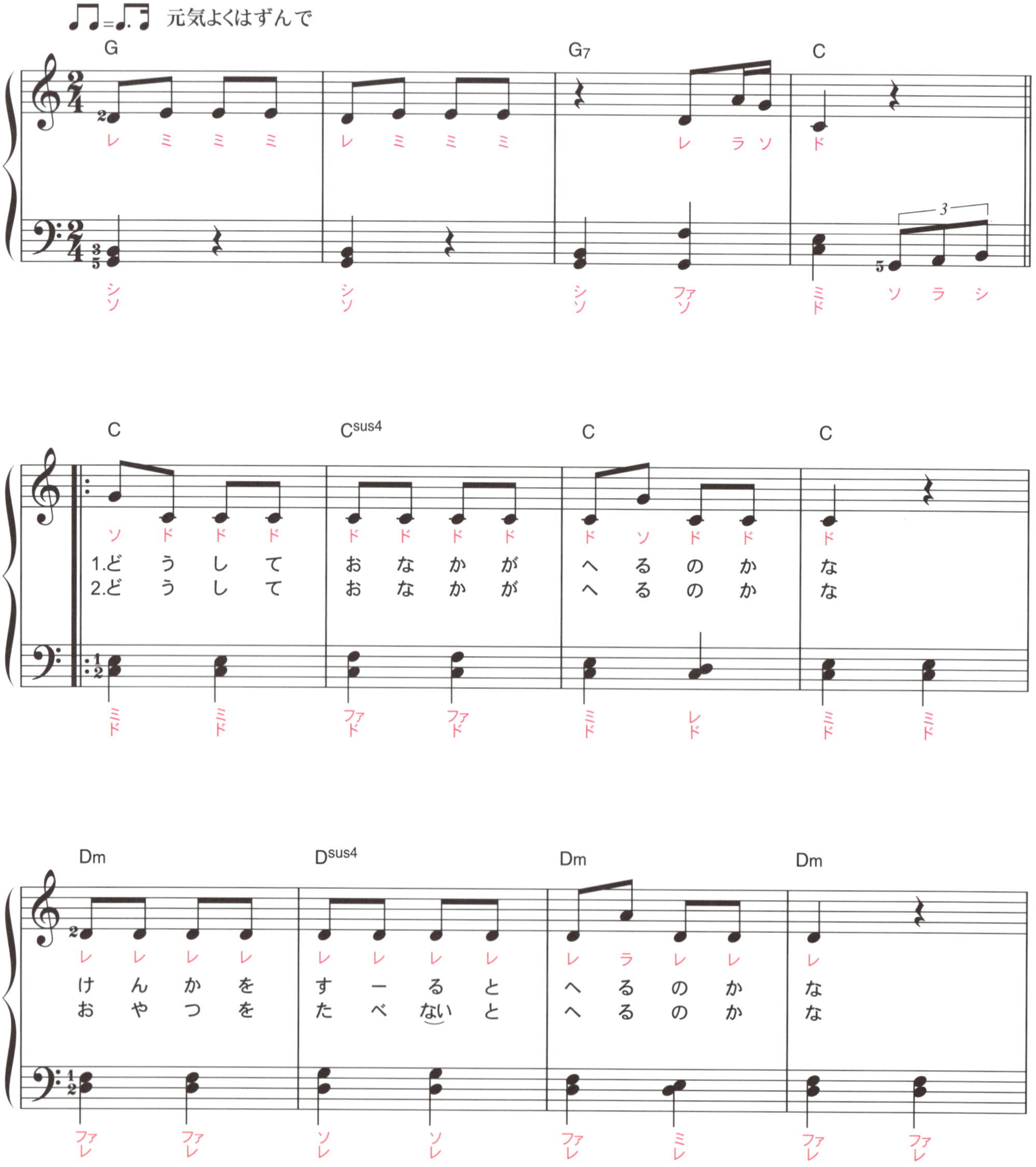

元気よくはずんで
G G7 C
レ ミ ミ ミ レ ミ ミ ミ レ ラ ソ ド
C Csus4 C C
ソ ド ド ド ド ド ド ド ド ソ ド ド ド
1.どうして おなかが へるのか なな
2.どうして おなかが へるのか な
Dm Dsus4 Dm Dm
レ レ レ レ レ レ レ レ レ ラ レ レ レ
けんかを すーると へるのか なな
おやつを たべないと へるのか な

ラクに弾けちゃうポイント　右手の付点八分音符はスタッカートで弾くと元気よく聞こえます。かあちゃんの「ちゃん」も跳ねるとカワイイ。

C Em Am F
ド ミ レ ド ミ ソ ファ ミ ラ ラ ラ ソ ラ シ ラ ソ ド
な か よ く し て て も へ る も ん な ー
い ー く ら た べ て も へ る も ん な ー
か あ ちゃん
ミド ミド ミシ ミシ ミラ ミラ ミラ ソ ラファ ラファ
C G G7 C
ミ レ ソ レ ミ ミ ミ レ ミ ミ ミ レ ラ ソ ド
か あ ちゃん お な か と せ な か が くっ つ く ぞ
ミド ミド シソ シソ シソ ファソ ミド

きゅるー

さよならマーチ

作詞：井出隆夫　作曲：越部信義

この歌のここがマスト！
昔のNHK『おかあさんといっしょ』の曲ですが、遊び歌としてもおもしろいです。遊ぶときに４段目は状況に応じて繰り返してください。

ラクに弾けちゃうポイント　「そろそろ門がしまっちゃう」は怖そうな雰囲気で*p*に、「ほーらつかまえた」でパッと雰囲気を変えて明るく*mf*で。

p
Cm
F
G
C
mf
ドドドレ♭ミレド
ド♭ミレド
ドラソソシシ
ド
そろそろもんが
しまっちゃう
ほらつかまえ
た!
ドドレ♭ミレド
ド♭ミレド
ファソ
ドソドソド
G
Cdim
G
f
Am
B7
Em
ソ♯ソラシドレミファ
♯ファ ド
ソ シ
ドドシラ
ソソミソ
あしたの
あしたに
ソ
♯レレソ
ラドシ♯レ
ミシミミ
F
Fm
C
C
C7
F
ドドレレ
ミ
ソソソミミミ
ファラド
またあそ
ぼう
にっこりわらって
またネー
ファファ♭ラ ファ♭ラ ファ
ドソドソ
ドソ♭シソ
ラファラド
G
C
D♭7
C
シシシシラソ
ド
ドドドレミファ
ソ ミ
シ ファ
ド ミ
やくそくマー
チ
ー
レソレソ
ドソドソ
ド
ド♭レ
ドド

やまびこごっこ

作詞：おうち・やすゆき
作曲：若月明人

ここマス！

この歌のここがマスト！
エコーソングですが、特殊な言葉のまねっこをするので子どもたちも大喜び。言葉の部分は自由に変えてみてもおもしろいですよ。

ラクに弾けちゃうポイント やまびこのようすを表した曲なので、繰り返しのメロディを小さめに弾くと、よりやまびこらしさが出ます。

G C G C C
ソ ソ ラ ソ ド ソ ソ ラ ソ ド ミ ミ ミ ファ ソ ミ ミ ミ ファ ソ
ま ね す る な ま ね す る な や ま び こ さーん や ま び こ さーん
じょ う ず だ な じょ う ず だ な
シ ソ ミ ド シ ソ ミ ド ド ソ ド ソ
F C
ソ ラ ソ ラ ソ ラ ソ ラ ソ ミ ファ ソ ソ ミ ファ ソ
ま ねっ こ さーん ま ねっ こ さーん ラ ラ ラ ラー ラ ラ ラ ラー
ファ ド ファ シ ド ソ ド ソ
C F
ド レ ミ ファ ソ ソ ド レ ミ ファ ソ ソ ラ ファ ソ ラ ラ ファ ソ ラ
ド レ ミ ファ ソ ソ ド レ ミ ファ ソ ソ ヤッ ホ ホ ホー ヤッ ホ ホ ホー
ド シ ド シ ラ ミ ラ シ
C
ド ソ ファ ミ レ ド ド ソ ファ ミ レ ド ド レ ミ ファ ソ ソ ド
ああ お も し ろ い ああ お も し ろ い
ド ソ ド ソ ド ソ ラ シ ソ ミ ド

パジャマでおじゃま

作詞：榎木冨士夫　作曲：若月明人

ここマス！
この歌のここがマスト！
みんなが着替え終わったら曲のどこからでも最後の「できたらハイポーズ！」に飛んでOKですよ。

G7 C C G7
パジャマでおじゃま
パパッ パパッ パッ パ（ジャマ ジャマ）
G7 C A7 Dm
パパッ パパッ パッ パ（ジャマ ジャマ）
パパッ パパッ パッ パ（ジャマ ジャマ ジャ マ ジャ マジャ）
G 1. 2. G7 C E7
パパッ パパパ パ ー ジャマジャマジャマ
ー ジャ マ

ラクに弾けちゃうポイント　右手の連打に集中しやすいよう、左手はカンタンにしています。ゆっくりめに弾けばだいじょうぶでしょう。

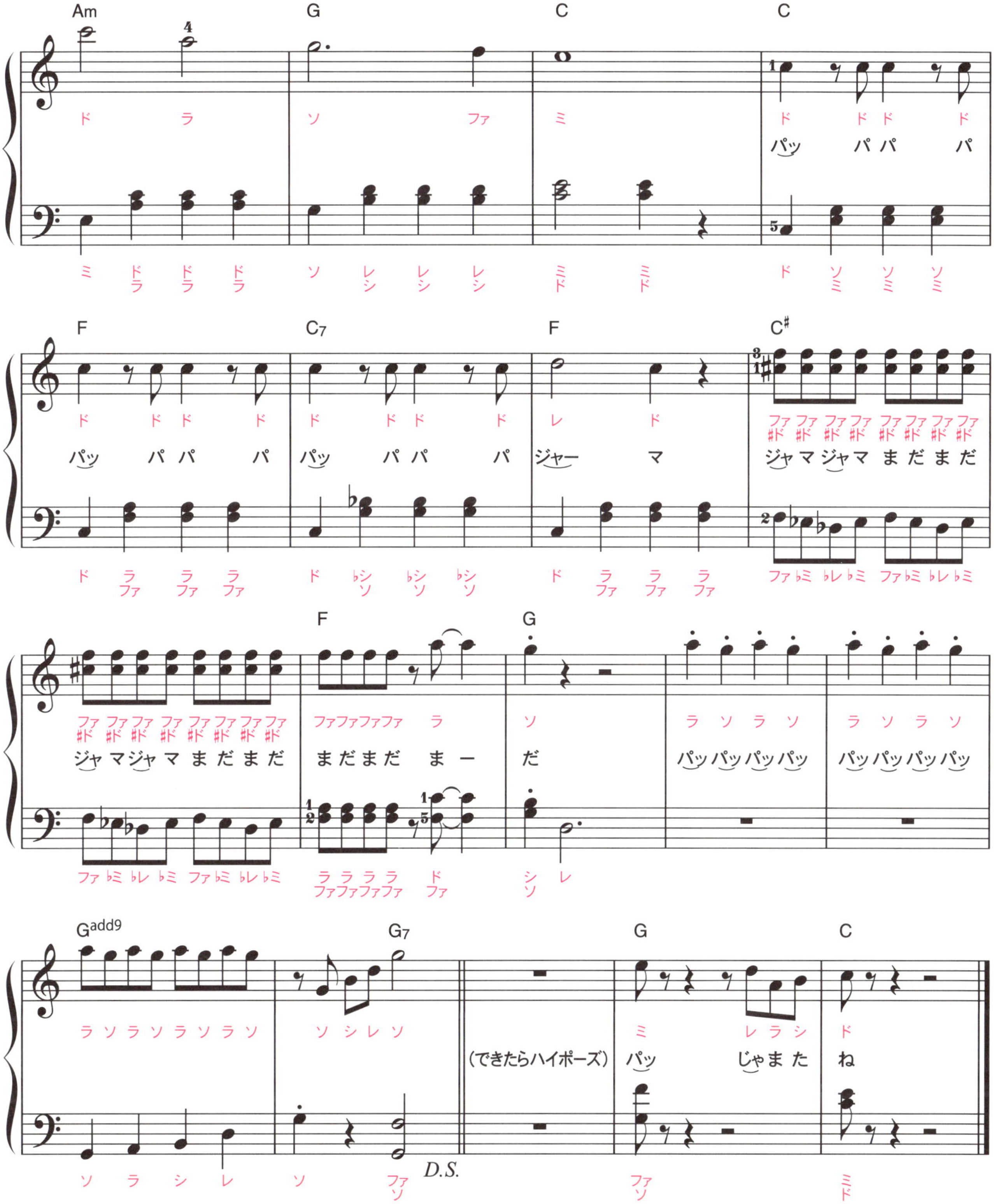
Am G C C
パッ パ パ パ
F C7 F C♯
パッ パ パ パ パッ パ パ パ ジャー マ ジャ マ ジャ マ ま だ ま だ
F G
ジャ マ ジャ マ ま だ ま だ まだまだ まー だ パッパッパッパッ パッパッパッパッ
Gadd9 G7 G C
(できたらハイポーズ) パッ じゃ ま た ね
D.S.

うちゅうじんにあえたら

作詞・作曲：石井亨

ここマス！

この歌のここがマスト！
みんなでロケットのポーズをしてシューッ！　とやるのが楽しい曲。発表会で盛り上がる１曲です。

F F♯dim C7 C
mf F Fsus4 F gliss.
そらをとびたい（シューッ）
F C gliss.
ロケットにのって（シューッ）
F C Dm
ほしがひかる うちゅうへ
おみやげーを かかえて
G7 C7 F Fsus4 F gliss.
まっしぐら
うちゅうのひとに（シューッ）
F C gliss. F
もしかあえたら（シューッ）
あくしゅして
あくしゅして

ラクに弾けちゃうポイント　「gliss.」はつめで鍵盤を滑らせて弾きます。つめが痛い場合は指の腹で鍵盤を浅く押すように滑らせましょう。

B♭ F C F C C♯dim Dm
mp
レ レ ♭シ ♭シ ラ ソ ラ ファ ソ ソ ソ ソ ソ ファ ソ ラ ラ ラ ラ ファ ファ ファ
ともだちに なろ う ことばはなんだか わからないけど
♭シ ソ ファ ド ミ ド ラ ファ ド ラ ファ ラ ファ ド ♯ド レ レ
G G7 C C7 F Gm
mf
ソ ソ ソ ソ ソ ソ ラ シ ド ラ ♭シ ド ♭シ ラ ソ ファ ソ ラ ♭シ
ぼくたちが うたえ わらえ ば ば きーっ と うちゅうの ひ とも
ソ ソ ファ ソ ミ ソ レ ミ ド ド レ ミ ド ラ ファ ド ラ ファ ド ソ ♯ファ ソ ファ ミ レ
p f
C C F
ド ド ド レ レ レ ミ ミ ミ ファ ファ ファ ソ ソ ソ ラ ラ ラ ♭シ ド ド ♭シ ラ ソ ソ ファ
ラリロラリロラリロラリロ ラリロラリロラ うた ーっ てくれ る
パピポパピポパピポパピポ パピポパピポパ わら ーっ てくれ る（シューッ）
2番は( )
ド ド シ ド ♭シ ド ラ ド ソ ド ♯ファ ド ソ ミ ド ミ ド ミ ド ミ ド ラ ファ ド ラ ファ

しまうまグルグル

作詞：遠藤幸三　作曲：乾裕樹

ここマス！

この歌のここがマスト！
子どもの想像力を思いっ切りかきたてる楽しい歌ですね。言葉遊び要素もあるのでみんなで楽しめますよ。

明るく元気よく
C C7 F Dm F Dm B♭ C C7 F Dm
1.~3. しまうまの しまを グールグル とって
しまうまの しまを グールグル とって
しろくまに つけたら しまくま し ーましまくまくま しまくま し
ママに つけたら しまママ し ーましまママママ しまママ し
あおぞらに つけたら しまそら し ーましまそらそら しまそら し

ラクに弾けちゃうポイント 右手の連打に集中しやすいよう、左手はカンタンにしています。意識してゆっくり弾けばだいじょうぶです。

B♭
C
ラ ラ ラ ファ ファ ファ ファ ラ ラ ラ ファ ♭シ
♭シ ♭シ ♭シ ファ ファ ファ ファ ♭シ ♭シ ♭シ ファ ド
ー ま し ま く ま く ま し ま く ま し ー ま し ま く ま く ま し ま く ま し
ー ま し ま マ マ マ マ し ま マ マ し ー ま し ま マ マ マ マ し ま マ マ し
ー ま し ま そ ら そ ら し ま そ ら し ー ま し ま そ ら そ ら し ま そ ら し
ラ ファ レ レ ド ♭シ ファ レ ♭シ ♭シ シ ド
1.2.
C
ド ド ド ソ ソ ソ ソ ド ド ド ド ド ド ド ♭シ ラ ソ
ー ま し ま く ま く ま く ま く ま く ま
ー ま し ま し ま マ マ マ マ マ マ マ マ
ー ま し ま し ま そ ら そ ら そ ら そ ら
ソ ミ ミ ド ミ ド ミ ド ミ ド ド ミ ド
C7
3.
C
C7
F
ファ ミ レ ド ド ♭シ ラ ソ ファ ファ ミ ファ
ソ ド ♭シ ド ド ♭シ ド ラ ファ ラ ファ ♯ソ ミ ラ ファ ファ

ニャニュニョのてんきよほう

作詞：小黒恵子　作曲：宇野誠一郎

ここマス！

この歌のここがマスト！

昔から「ネコが顔を洗ったら雨」という言葉もありますしね。かわいい振り付けも似合うので発表会にもオススメ！

ラクに弾けちゃうポイント　発表会用に編曲したため、前奏と後奏が難しいですが、指づかいを守って練習すればすぐに弾けますよ。

てんきよほう あがりめまわりめ ニャンコのめ
てんきよほう ひかるめまるいめ ニャンコのめ
てんきよほう あおいめギョーロめ ニャンコのめ
ニャーーー オ オ オー ー ニャーオ
ミャーーー ー ア アー ン ミャーン
ニャーーー ー ア アー ン ニャーオン

4 リクエスト曲

子どもとうたいたい歌

十二支のうた

作詞・作曲：吉田美智子

ここマス！

この歌のここがマスト！

『カレンダーマーチ』の十二支版のようで、歌で十二支を覚えられます。ちょっとファンキーでおもしろい曲ですよね。

はずむように
ねずみのちゅうすけさん　うしにのっておまいりよ　とらのかおみて
おうまはぽっくりこ　ひつーじとかけくらべ　さるもあとから
とびあがる　とびあーがー　る　うさぎのぴょんたろう
おいかける　おいかーけー　る　とりならそらのうえ
たつのおひげにつかまって　へびのみちあんない　たびにでる　たびにーでー
いぬにむかってときのこえ　いのししさそって　たびじたく　たびじーたー

ラクに弾けちゃうポイント　まずは指が転ばないことを第一に気をつけてください。間奏は少し強めに弾きましょう。

Dm Gm Dm Gm
レ
ソ ソ ファ ソ ラ ソ ファ ソ
ラ ラ ソ ラ ド ラ
ソ ソ ファ ソ ラ ソ ファ ソ
る
く
ひ と つ ま わ ー っ て
ひ い ふ う み い よ
い つ む ー な な ー や の
ファ レ ファ レ ファ レ ラ
レ ソ レ ソ レ ソ レ ソ
ファ レ ファ レ ファ レ ファ レ
レ ソ レ ソ レ ソ レ ソ
F Am Gm Dm Gm Dm
ラ ラ ソ ラ ラ ソ ファ
ソ ソ ラ ソ ファ レ ド レ
ソ ソ ラ ソ ファ レ ド レ
こ こ の と お と き て
じゅ う い ち じゅ う に ね ん
そ れ で ひ と ま わ り
ド ファ ド ファ ミ ラ ミ ラ
レ ソ レ ソ ファ レ ファ レ
レ ソ
レ ファ ミ ♭ミ
1.
B♭ C
2.
Gm Dm Gm Am Dm
レ ファ ミ ♭ミ レ ファ ミ ♭ミ
ファ ソ
ソ ソ ラ ソ ファ レ ド レ
ソ ソ ラ ソ ファ レ ド レ
レ ファ ミ ♭ミ レ ファ ミ ♭ミ
レ ♭シ ミ ド
レ ソ レ ソ ファ レ ファ レ
レ ソ
ミ ド ファ レ

ちょんまげマーチ

作詞：井出隆夫　作曲：渋谷毅

この歌のここがマスト!
子どもってなぜかちょんまげが好きですよね。「ござる」の言葉も忍者・侍の定番。きっとみんなで盛り上がれますよ。

ラクに弾けちゃうポイント テンポが速い上に同じ音の連打が多い曲です。連打が苦手な人は音を適当に間引いて弾きましょう。

C D G C D
ミ ミ ミ ソ ラ ソ ラ シ シ ラ ソ ソ ミ レ
ちょんまげがあったら あさのあいさつ おはようでござる
ちょんまげがあったら パパじゃなくって ちちうえでござる
ちょんまげがあったら さよならするとき さらばでござる
ミ ド ♯ファ レ シ ソ シ ソ ミ ド ♯ファ レ
G
シ シ シ シ シ シ シ シ シ ラ ソ
ちょんまげ ちょんまげ ちょんまげ マーチ
シ ソ シ ソ シ ソ シ ソ
D F F♯ G F F♯ G
ラ シ ラ ソ ラ シ ラ ソ ラ シ ラ ソ ラ シ ラ ファ ♯ファ ソ ファ ♯ファ ソ
ござるでござるで ござるでござる
♯ファ レ ♯ファ レ ♯ファ レ ♯ファ レ ファ ♯ファ ソ ソ

ようかいしりとり

作詞：おくはらゆめ
作曲：種ともこ

ここマス！
この歌のここがマスト！
最近の妖怪ブームで再注目されたNHKの良曲。子ども大好きしりとり遊び。それにしてもマニアックな妖怪が多い…。

ラクに弾けちゃうポイント 左手は全体的に跳ねましょう。右手は連打が多いのでリズムが転ばないように軽めに弾きましょう。

F♯m G
♯ファ ♯ファ ♯ド ♯ファ ソ ソ ソ ソ レ ソ
びん ぼう が み み つ め こ ぞ う
し ち ほ だ だい だ ら ぼっ ー ち
♯ファ ♯ド ラ ♯ファ ♯ド ラ ♯ファ ♯ド ラ ♯ファ ♯ド ラ ソ レ シ ソ レ シ ソ レ シ ソ レ シ
Am B Em
ラ ラ ラ ソ ♯ファ ミ ミ シ ミ
う み ぼ う ず ずん べら ぼ う
ちょう ちん お ば け けら けら おん な
ラ ミ ド ラ ミ ド シ ♯ファ ♯レ シ ♯ファ ♯レ ミ シ ソ ミ シ ソ ミ シ ソ ミ シ ソ
F♯m G
♯ファ ♯ファ ♯ファ ♯ド ♯ファ ソ ソ ソ レ ソ
う ま つ ー き き つ ね ー び
な き ば ば あ あ ま の じゃ く
♯ファ ♯ド ラ ♯ファ ♯ド ラ ♯ファ ♯ド ラ ♯ファ ♯ド ラ ソ レ シ ソ レ シ ソ レ シ ソ レ シ
Am B Em
ラ ラ ラ ソ ♯ファ ミ レ ミ ♭シ ラ ソ
び じ ん さ ま ま く ら が え し
く ら げの ひの た ま ま め ー だ ぬ き
ラ ミ ド ラ ミ ド シ ♯ファ ♯レ シ ♯ファ ♯レ ミ シ ソ ミ シ ソ ミ シ ソ ミ シ ソ

ようかいしりとり

Am
C7
しらぬい いったん もめん
きむないぬ ぬらー りひょん
B
Em
ん?! まけた～ ろくろっくびや くやしそうに
ん?! まけた～ ざーしきわらしは くやしそうに
F#m
B
Em
Em/D
C7
B7
くびをびよーんと のーばし た
でんぐりがえりで ころがっ た
Em
Em/D
C7
B7
E7

WAになっておどろう

作詞・作曲：長万部太郎

ここマス！

この歌のここがマスト！
NHKで発表され、カバー曲を経て急速に定着した曲。運動会の演目でもよく踊られますよね。

力強く弾んで

G C D Em G C
シ レ ド シ ラ ソ ラ ソ ラ シ シ シ シ シ レ ド ド
ソ ミ #ファ #ファ #ファ ソ ソ ソ ソ ソ ミ
オー オー さあ わになっておどろー ラララララー
ソ ソ ド ド レ レ ミ ミ シ シ ド ド
D G G
シ ド シ ド シ ラ ソ ソ ソ ソ ソ ソ ミ レ ソ ミ レ ソ ラ シ
シ ド シ ド
うじゃけたかおしてどしたのー
レ #ファ ソ ソ ソ ソ シ ド シ ド
ソ ソ ソ ソ
G C A7 D
ソ ミ レ ソ ラ シ シ ラ ソ シ レ ド シ ラ ソ ソ ソ ソ ミ シ
つまらないならーほらね わになっておどろー みんなでー
シ ド シ シ レ レ ミ ミ ミ ミ #ファ #ファ
ソ ソ ソ ソ ソ ソ ド ド ラ ラ レ レ
G G C
ソ ミ レ ソ ミ レ ソ ラ シ ソ ミ レ ソ ラ シ シ ラ ソ ソ ソ シ レ ド シ ラ ソ ソ
あそびもべんきょうもしたけどー わからないことーだらけなら わになっておどろうー
シ ド シ ド シ ド シ シ レ レ ミ ミ
ソ ソ ソ ソ ソ ソ ソ ソ ソ ソ ド ド

ラクに弾けちゃうポイント　Aメロは右手に連打が多いので、難しければ少し音を抜いてもOK。Bメロは少し滑らかに弾きましょう。

WAになっておどろう

A7 D C D7 Bm Em
いますぐー かな しいことがーあれば もうすぐー たの
C B Em A7 D D7/C Bm7 D
しいことがーあるから ー しんじてみようー
G C D Em G C D7 G
オー オー さあ わになっておどろー ラララー す ーぐにわかるかーら
G C D Em G C D7 to
オー オー さあ わになっておどろー ラララー ゆめをかなえるー

G Gsus4 G G Gsus4 G
ソ ラ シ シ ラ シ ラ ソ レ ミ ♯ファ
よ ー ー オ オ ーーーー ー
シ シ ド ド レ レ レ レ レ レ ド ド シ シ シ
ソ ソ ソ ソ ソ ソ ソ ソ ソ ソ ソ ソ ソ ソ ソ
G
ソ ソ ラ シ ソ ソ ラ ソ ソ ソ ラ シ ソ ソ ラ ソ
シ ド レ ド シ ド シ ド シ ド レ ド シ ド シ ド
ソ ソ ソ ソ ソ ソ ソ ソ ソ ソ ソ ソ ソ ソ ソ ソ
G
シ シ ド レ シ シ ド シ シ シ ド レ ミ ♯ファ
レ ミ ♯ファ ミ レ ド シ ド レ ミ ♯ファ ミ レ レ レ ラ シ
ソ ソ ソ ソ ソ ソ ソ ソ ソ ソ ソ ソ ラ ラ ラ
♯ファ ♯ファ ♯ファ
D.S.
G Am Bm Bm Am G
ソ ラ シ シ ラ ソ
レ ミ ♯ファ ♯ファ ミ シ
ソ ソ ド ド レ レ レ レ レ レ ド ド ソ

遊び歌

手をたたきましょう

訳詞：小林純一　外国曲

ここマス！ **この歌のここがマスト！** 全身を使って遊べる歌なので、まずは遊びを覚えさせてから伴奏を弾きましょう。

ラクに弾けちゃうポイント 右手が忙しい分、左手は簡単にしています。右手２音のところは指番号に気をつけないと詰まりやすいです。

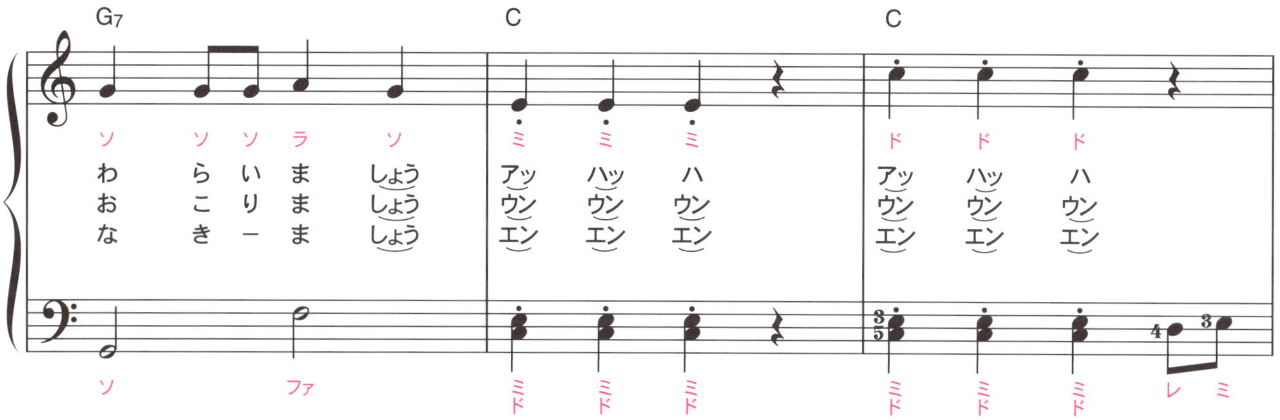

遊び方

1 てを～タンタンタン

タンタンタン～で
6回拍手する

2 あしぶみ～

タンタンタン～で
7回足踏みする

1番 アッハッハ

手はパーで顔の横にして
笑ったしぐさ

2番 ウンウンウン

腕組みして怒ったしぐさ

3番 エンエンエン

手を目の下に、
泣いたしぐさ

白くまのジェンカ

訳詞：平井多美子　作曲：K. ウォール

ここマス！

この歌のここがマスト！
列になって遊ぶ有名なジェンカ曲。みんなでジャンプすると心もいっしょになりますよ。

ラクに弾けちゃうポイント　踊る場合は、ピアノ伴奏が速くならないよう注意。子どもたちが踊れなくなってしまいますよ。

遊び方

1 みんなで縦に並び、前の人の肩に手を乗せる。

2 リズムに合わせて両足で、前・後ろ・前・前・前の順に跳びながら歌う。

＜リズム＞

リズムを遅くしたり、
速くしたりして遊びましょう。

遊び歌

大工のキツツキさん

訳詞：伊藤嘉子　スイス民謡

ここマス！

この歌のここがマスト！
元がアルプス地方の民謡なのでヨーデルのような歌い方が入っています。独特なフレーズは子どもたちも楽しいと思います。

軽やかに
G D D7 G
みどりのもりかげにひびくうたはだい
G D D7 G
くのキツツキさんせいだすうた
D7 G D D7
ホールディーアー ホールディヒヒア ホールディクックク ホールディヒヒア
G G D D7 G
ホールディクク ホールディヒヒア ホールディクック ホールディヒヒア ホ

ラクに弾けちゃうポイント 左手が少し飛ぶので注意。基本的に４小節の繰り返しなので覚えてしまえばラクです。右手は指番号に注意。

遊び方

1 みど

手拍子１回

2 り

右ひじを左手でたたく

3 の

右肩を左手でたたく

4 もり

左ひじを右手でたたく

5 かげ

左肩を右手でたたく

6 に

手拍子１回

7 ひびくうた〜せいだすうた

1〜6を３回繰り返す

8 ホールディーアー

両手でひざを連打する

9 ホール

両手でひざを１回たたく

10 ディヒ

両手で肩を１回たたく

11 ヒア

両手で頭を１回たたく

12 ホール

11と同じ

13 ディ

10と同じ

14 クック

手を図のようにして
右に２回出す

15 ホールディヒヒア
ホールディクック
×２

9〜14を２回繰り返す

16 ホールディヒヒア

9〜11と同じ

17 ホ

9と同じ

17の後にお話をします。
14のクックの後に、動作がひとつずつ増えていきます。
＜お話１＞
森の中でキツツキくんが木を「コンコンコン」とつついていると、目の前を何かが「サッ」と通り過ぎました。
8から歌に合わせて動作をする
ホールディーアー　ホールディヒヒア　ホールディ　クック　サッ×３
ホールディヒヒア　ホ
＜お話２＞
目の前を何かが「サッ」と通り過ぎたので、キツツキくんは「ハッ」と驚きました。
＜お話３＞
「ハッ」と驚きましたが、かわいいリスさんだったので「ホッ」としました。
＜お話４＞
キツツキくん、ホッとしましたが、ちょっとくやしいのであっかんべーをしました。

サッ

右から左に両手を動かして
何かが通り過ぎたしぐさ

ハッ

両手を上にあげて
驚いたしぐさ

ホッ

両手を胸に当てて、
ホッとしたしぐさ

あっかんべー

あっかんべーをする

アブラハムの子

訳詞：加藤孝広　外国曲

ここマス！

この歌のここがマスト！
だんだん歌が長くなっていく体遊びが楽しい曲。でもリピートが少し特殊なので説明をしっかり読んでください。

ラクに弾けちゃうポイント　遊びで速く弾くときのために左手はカンタンにしています。左手はスタッカートぎみに弾くと遊びやすくなります。

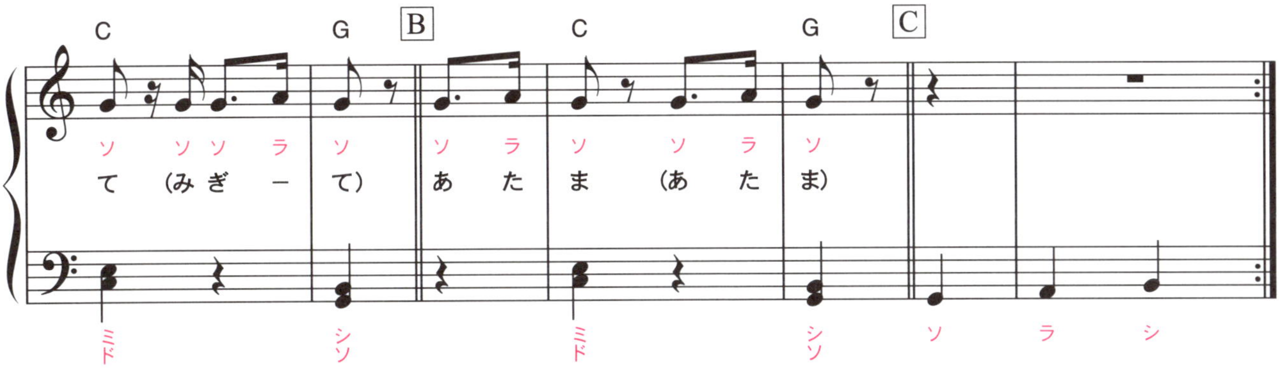

※

1番　みぎて（A 1回）　Cへ

2番　みぎて　ひだりて（A 2回）　Cへ

3番　みぎて　ひだりて　みぎあし（A 3回）　Cへ

4番　みぎて　ひだりて　みぎあし　ひだりあし（A 4回）　Cへ

5番　みぎて　ひだりて　みぎあし　ひだりあし（A 4回）
　　あたま（B 1回）　Cへ

6番　みぎて　ひだりて　みぎあし　ひだりあし（A 4回）
　　あたま　おしり（B 2回）　Cへ

7番　みぎて　ひだりて　みぎあし　ひだりあし（A 4回）
　　あたま　おしり（B 2回）　Dへ

遊び方

1 アブラハムには～さあおどりましょう

体でリズムを取る

2 みぎて（みぎて）

リーダーが右手を上げて、その後にそれ以外の子どもも右手を上げる

3 アブラハム～さあおどりましょう

右手を動かして歌う

左手、右足、左足、頭、おしり、回って、とどんどん動かすところを増やして遊びます。

ぞうさんのあくび

作詞：遠藤幸三　作曲：乾裕樹

ここマス！

この歌のここがマスト！
昔の『おかあさんといっしょ』のエンディング曲でしたが、手遊び歌として一部抜粋してみました。ほかの動物のあくびはどんな感じかな？

ラクに弾けちゃうポイント　全体的にテヌートで弾くと雰囲気が出ますが、リズムが不安定にならないように注意しましょう。

遊び方

1 ぞうさんの～あーあ

あーあに合わせて、両手を上に、
大きなあくびのしぐさ

2 ありさんのあくび

親指とひとさし指をちょんちょん
とくっつけながら右手、
左手を近づける

3 あーああーあ

親指とひとさし指を開いて
あくびのしぐさ

ぞうさんのあくびは大きく1の
動き、ありさんのあくびは小さく
3の動きを繰り返す

遊び歌

アルゴリズム行進

作詞：佐藤雅彦、内野真澄
作曲：栗原正己

ここマス！

この歌のここがマスト！
最近の全身遊びとしては説明不要の名曲ですよね。元気よく弾いてあげましょう。

元気よく
いーっ ぽすすんで まえならえ いーっ ぽすすんで えらいひと
ひっくりかえって ぺこりんこ よこにあるいて きょろきょろ ちょっとここらで ひらおよぎ
ちょっとしゃがんで くりひろい くうきいれます シュウシュウ くうきがはいって ピュウピュウ
そろそろ おわりかな そろそろ おわりかな おわり

ラクに弾けちゃうポイント 左手は少し飛びますし、右手も連打が多いので難易度は高め。連打は必要に応じて音を抜いて弾きましょう。

遊び方

1 アルゴリズムこうしん

歌の始まる前に
「アルゴリズムこうしん」と言って、
図のように構える

2 いっぽすすんでまえならえ

横を向いて、一歩進み、
前の人は前ならえをする。
後ろの人はそのまま

3 いっぽすすんでえらいひと

一歩進んで前の人は腰に
手を当てて、えらい人のしぐさ。
後ろの人は1の前ならえをする

4 ひっくりかえってぺこりんこ

前の人はひっくり返っておじぎ。
後ろの人は2のえらい人のしぐさ

5 よこにあるいてきょろきょろ

前の人は、正面を向いて、手をか
ざして左右を見渡すしぐさ。4の
後ろの人はひっくり返っておじぎ

6 ちょっとここらでひらおよぎ

一歩進んで、前の人は手をかいて
平泳ぎのしぐさ。後ろの人は5の
見渡すしぐさ

7 ちょっとしゃがんでくりひろい

一歩進んで、前の人はしゃがんで
クリ拾いのしぐさ。後ろの人は6
の平泳ぎのしぐさ

8 くうきいれますシュウシュウ

一歩進んで、前の人は空気入れで
空気を入れるしぐさ。後ろの人は
7のクリ拾いのしぐさ

9 くうきがはいってピュウピュウ

一歩進んで、前の人は腕を上下に
パタパタする。後ろの人は8の
空気を入れるしぐさ

10 そろそろおわりかな

「そろそろで」一歩進み、
「おわりかな」でかいぐりする
３回繰り返す

11 おわり

右手と左足を上げて
図のようにポーズする

ミッキーマウス・マーチ

作詞：J. ドッド（日本語詞：漣健児）
作曲：J. ドッド

ここマス！
この歌のここがマスト！
世界的に有名なこの曲。実は日本語の歌詞はいくつかパターンがあるので、その中のひとつとしてご覧ください。

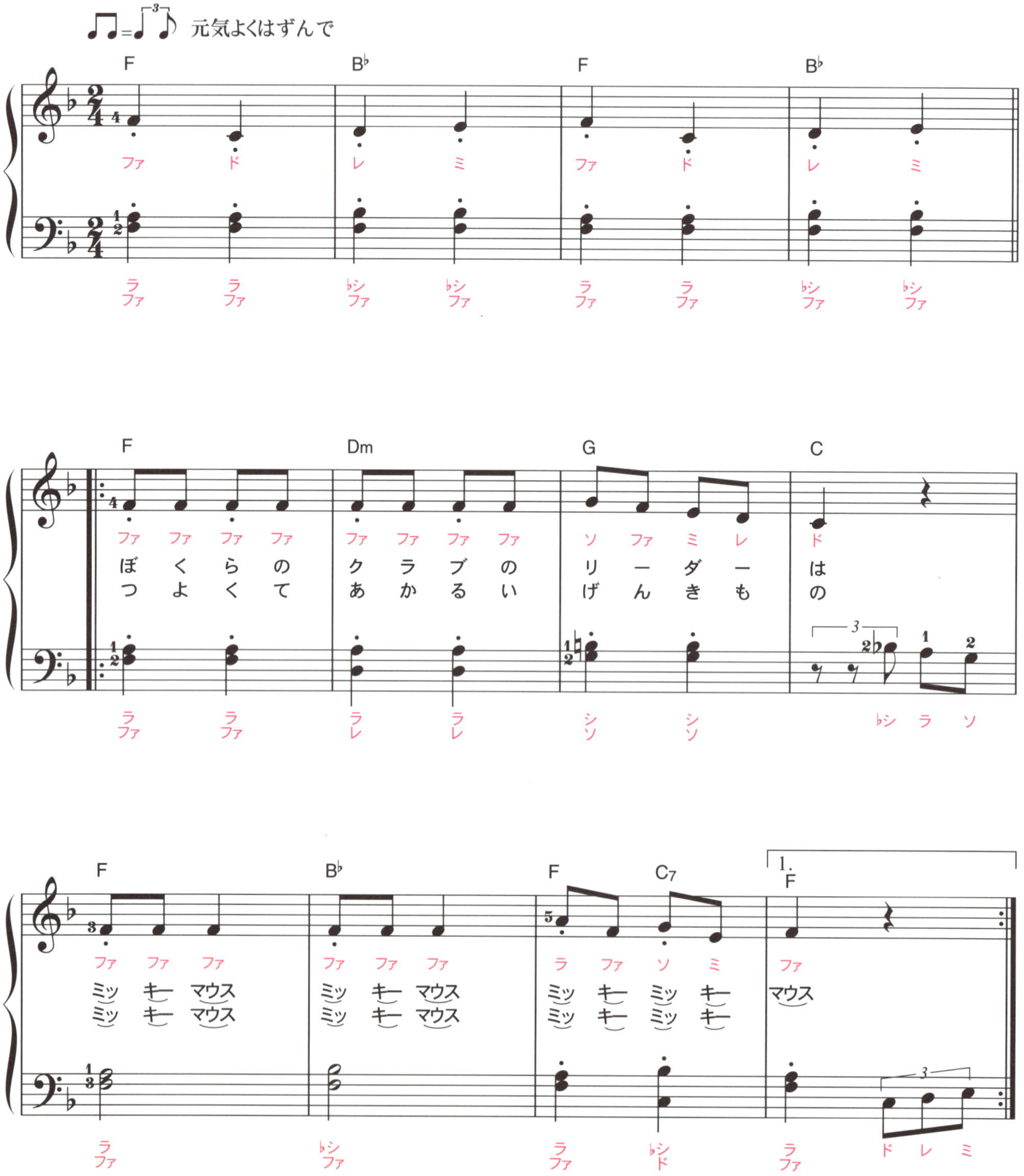

ラクに弾けちゃうポイント 「歌おう声高く～」の部分は強く弾きましょう。三連符の指づかいに気をつけないと詰まりやすいです。

2.
F B♭ F
ファ ファ ファ レ ファ ファ ド
マウス ミッ キー マウス ミッ キー マウス
ラ ファ ♭シ レ ファ ♭シ ラ ド ファ
B♭ G7/B C
ド レ レ レ レ レ レ ミ ファ ソ ド
さあ う た お う こ え た か く ヘイ
F Dm G
ド ド ファ ファ ファ ファ ファ ファ ファ ファ ソ ファ ミ レ
ヘイ ヘイ み ん な で た の し い ジャ ン ボ リ
C F B♭ F C7 F
ド ファ ファ ファ ファ ファ ファ ラ ファ ソ ミ ファ
ー ミッ キー マウス ミッ キー マウス ミッ キー ミッ キー マウス
♭シ ラ ソ

映画

ビビディ・バビディ・ブー

作詞：J. リビングストン（日本語詞：あらかはたかし）
作曲：M. デイビッド &A. ホフマン

ここマス！ この歌のここがマスト！
ディズニー映画『シンデレラ』より。語感が楽しい歌。ちなみに、呪文に意味はまったくなく、造語だそうです。

♩.＝110 はずむように
1.サ ラ ガ ドゥ ラ メ チ カ ブ ラ ビ ビ ディ バ ビ ディ ブー
2.サ ラ ガ ドゥ ラ メ チ カ ブ ラ ビ ビ ディ バ ビ ディ ブー
う た え お ど れ た の し く ビ ビ ディ バ ビ ディ ブー
さ あ さ み ん な げ ん き に ビ ビ ディ バ ビ ディ ブー
す べ て この よ は い や な こと な ど

ラクに弾けちゃうポイント テンポとリズムが取りにくいので、テンポ指定をしています。少しゆっくりめです。右手の指番号に注意。

G G7 C F G
さらりすてて ほがらかに ビビディバビディ ブー
F Fsus4 F Fsus4 F Fsus4 F
サラガドゥラ メチカブラ ビビディバビディ ブー
C to C7 F
うたえおどれ ようきに ビビディバビディ ブー
D.C.
C C7 F
ビビディバビディ ビビディバビディ ビビディバビディ ブー

ハイ・ホー

作詞：L. モーリー
作曲：F. チャーチル

ここマス！
この歌のここがマスト！
ディズニー映画『白雪姫』より。マーチにピッタリな曲。足踏みをしながら歌うとリズムが安定しやすいですよ。

ラクに弾けちゃうポイント 左手は全体的にスタッカートで弾いたほうが元気よく聞こえます。

G C C7 F B♭
ラ シ ド ド ファ ミ レ ファ
わ せ だ ハイ ホー ハイ ホー こ
シ シ ミ ミ ソ ♭シ ラ ラ ♭シ ♭シ
ソ ソ ド ド ド ド ファ ファ ファ ファ
G7 C B♭ F B♭ Bm7♭5
ソ ラ ソ ファ ミ ド レ ファ ド ド レ ミ ファ ♭シ ラ ファ
え をそろ え み んなでた のしくい ざ ハイ
シ シ ミ ソ ♭シ ラ ♭シ ♭シ ラ ラ
ファ ファ ド ド ファ ファ ファ ファ ファ ファ
C7 F B♭ G7 C
ソ ド レ ミ ファ ミ レ ファ ソ ラ ソ ファ ミ ド
ホー ハイ ホー ハイ ホー ハイ ホー ほ が ーらか に た
ミ ♭シ ラ ラ ♭シ ♭シ シ シ ミ ソ
ド ド ファ ファ ファ ファ ファ ファ ド ド
1. 2.
B♭ F B♭ C7 F F
レ ファ ド ド レ ミ ファ ♭シ ラ ソ ファ ド レ ミ ファ ファ ド
のしくう たえばい ざ ハイ ホー ハイ ホー ハイ ホー
♭シ ラ ♭シ ♭シ ド ♭シ ラ ラ ラ ファ
ファ ファ ファ ファ ミ ファ ファ ファ

映画

チム・チム・チェリー

作詞：R.M. シャーマン &R.B. シャーマン
（日本語詞：あらかはひろし）
作曲：R.M. シャーマン &R.B. シャーマン

ここマス！ **この歌のここがマスト！**
ディズニー映画の傑作『メリー・ポピンズ』から、アカデミー賞をもらった名曲を。映画も子どもにぜひオススメの名作！

ゆったりと
Dm A7(♭9) Dm A7(♭9) Dm Faug
1. チム チ ミニー チム チ ミニー
5. チム チ ミニー チム チ ミニー
F G Gm F E
チム チム チェ リー わ た し は えん と つ そう じ や
チム チム チェ リー わ た し は えん と つ そう じ や
A Dm Faug F G
さん チム チ ミ ニー チム チ ミ ニー チム チム チェ ルー ま ち
さん さ あー さ みん なー で うた い ま しょう ラー
Gm F A to⊕ Dm Gm
い ち ば ん の か ほ う も の み な さ ん きい
ラ ラ ラ ラ ラ ラ チム チム チェ

ラクに弾けちゃうポイント ペダル推奨。同じフレーズの繰り返しは強弱を意識して。3番カッコと最後はクレシェンドで弾くとカッコイイ。

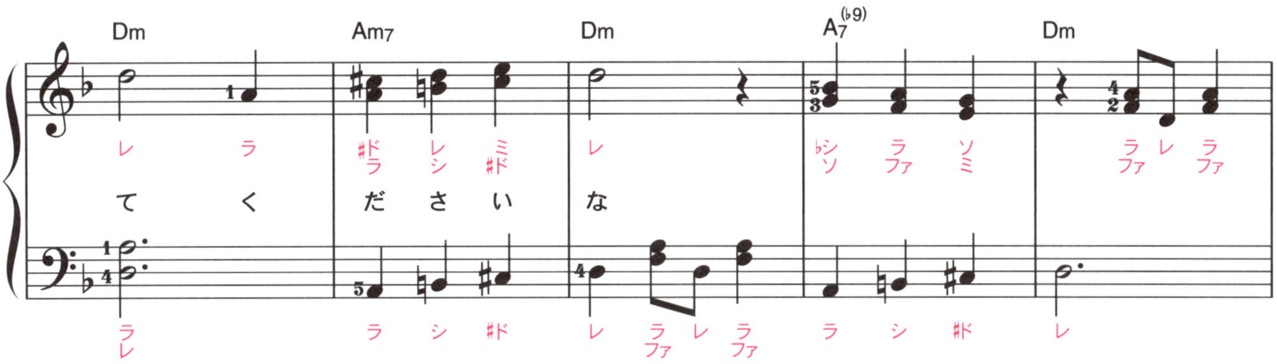
Dm Am7 Dm A7(♭9) Dm
レ ラ ♯ド レ ミ レ ♭シ ラ ソ ラ レ ラ
ラ シ ♯ド ソ ファ ミ ファ ファ
て く だ さ い な
ラ ラ シ ♯ド レ ラ レ ラ ラ シ ♯ド レ
レ ファ ファ

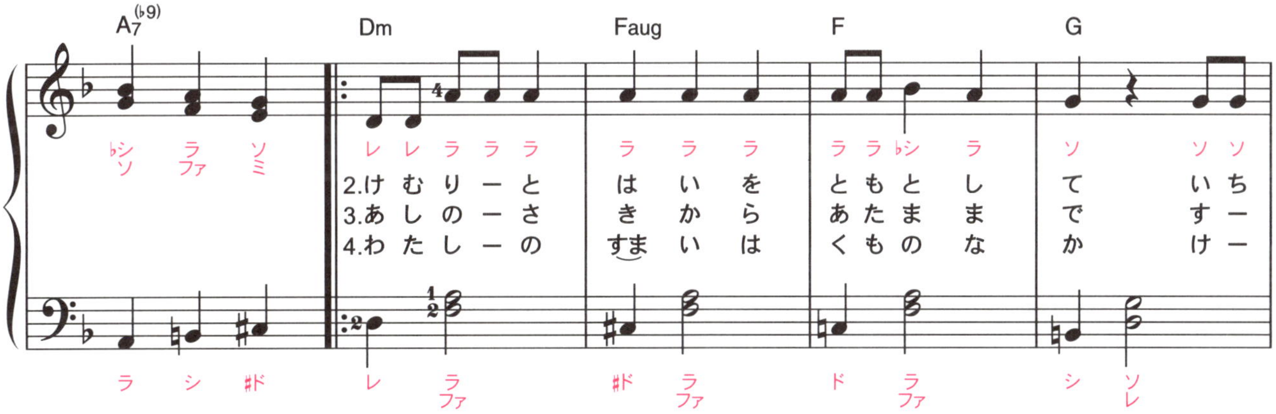
A7(♭9) Dm Faug F G
♭シ ラ ソ レ レ ラ ラ ラ ラ ラ ラ ラ ラ ♭シ ラ ソ ソ ソ
ソ ファ ミ
2.け む り ー と は い を と も と し て い ち
3.あ し の ー さ き か ら あ た ま ま で す ー
4.わ た し ー の すま い は く も の な か け ー
ラ シ ♯ド レ ラ ♯ド ラ ド ラ シ ソ
ファ ファ ファ レ

Gm F E A7 Dm
ソ ラ ソ ファ ソ ファ ミ ♯レ ミ ラ ラ レ ラ ラ
に ち はた ら き つ づ け て も ひ ろ い ひ
す を か ぶ っ て まっ く ろ け そ れ で も
む り う ず ま く えん と つ の ほ し も ま
♭シ ソ ラ ファ ♯ソ ミ ラ シ ♯ド レ ラ
レ ド シ ファ

チム・チム・チェリー

Faug F G Gm F
ろ い よ の な か に こ ん な のん き な こ
ゆく さ き ゆく さ き で え ん と つ そう じ は
ぢ か い てっ ぺ ん は ロン ド ン とう よ り ま
A7 1.2. Dm 3. Dm Gm Dm
と は な い
だい か ん げい
だ た か い な ん て す て き な
Am7 Dm A7(♭9) Dm A7(♭9)
そ の な が め
D.S.
Dm Gm Dm A7 Dm
ルー チム チ ミ ニー チム チム チェ リー チム チェ ルー

君をのせて

作詞：宮崎駿　作曲：久石譲

ここマス！ **この歌のここがマスト！**
ジブリアニメから名曲を。何回見ても、何回聞いても感動しますよね。イントロは原曲とは少し変えてあります。

ラクに弾けちゃうポイント ペダル推奨。Bメロからサビにかけては盛り上がるように少しずつクレシェンドをかけるといいですよ。

君をのせて

B♭ F Gm Dm F/C B♭ A
レ ドレ ファ ド ラ ♭シ ファミ ファ ソ ソ ラファ ファミレレミ ♯ド
か しいの は あ の どれーか ひとーつに きみがいる か
み をのせ て い つ かきっーと で あーうー ぼくらをの せ
み をのせ て い つ かきっーと で あーうー ぼくらをの せ
♭シ レ ファ♭シ ラ ド ファ ラ ソ♭シ レ ソ レファ ラ レ ド ファ ラ ド ♭シ レ ファ♭シ ラ ♯ド ミ ラ
Dm F C Dm Am
レ ファソ ラ ソ ラ ド ソ ドド ファ ミ ファ ラ ラ
ら さあ で かけよ う ひと き れのパ ン
レ ファラ レ レミ レミ ファラ ド ファ ド ミ ソ ド レ ファラ レ ラ ド ミ ラ
B♭ C F Gm Asus4 A
レ ミファ ミファソ ソ ファ ド ド ♭シ ラ ソ ファ ラ レ ミ レ ♯ド ラ
ナイフ ランプカ バ ンに つ め こ ん で とう
♭シ レ ファ♭シ ド ミ ソ ド ファ ラ ド ファ ソ♭シ レ ソ ラ レ ミ ラ ラ ♯ド ミ ラ ソファミ
Dm F C F A7 Dm
レ ファ ド ド ラ ソ ファ ファ ソ ファソ ド ラ ラ レ ファ ド
さん が の こした あ つ いおーもー い かあ さん が
レ ファラ レ ミ ファラ ド ファ ファ ファ ド ミ ソ ド ド ド ファラ ド ファ ミ ラ ♯ド ミ レ ファラ レ ミ

F
C
to
Dm
2.
Dm
ラ ソ ファ ファ ソ ファ ソ ミ レ レ ミ レ レ ミ ファ ソ
くれた あ の まなーざ し 2.ちきゅ て
ファ ラ ド ファ ファ ファ ド ミ ソ ド ド ド レ ファ ラ レ レ ファ ラ レ
B♭7
Am
ラ ファ ラ ファ ド ラ ♭シ ソ ラ ファ ソ ミ ファ レ ミ ド レ ミ ファ ソ
♭シ レ ファ ♭シ ♭シ レ ファ ♭シ ラ ド ミ ラ ラ ド ミ ラ
B♭7
C
A
ラ ファ ラ ファ ド ラ ♭シ ソ ラ ファ ソ ミ ファ レ ソ ミ ラ ♯ド ラ
とう
♭シ レ ファ ♭シ ♭シ レ ファ ♭シ ド ミ ソ ド ラ ♯ド ミ ラ ソ ファ ミ
D.S.
Dm
C
B♭
C
D
レ レ ラ ミ ド ミ ド ファ レ ファ レ ソ ミ ラ ♯ファ
て
レ レ レ レ ド ド ド ド ♭シ ♭シ ♭シ ♭シ ド ド ド ド レ

風になる

作詞・作曲：つじあやの

ここマス！

この歌のここがマスト！
ジブリアニメ『猫の恩返し』より。発表会などでも使えるさわやかな曲。

ラクに弾けちゃうポイント さわやかなポップス調の雰囲気を出すため、左手の和音は軽くリズミカルに弾きましょう。

C Am F G
ミ ラ ソ ミ レ レ ド ド レ ド シ ド ファ ラ ド ド ミ ミ レ レ ミ レ #ド レ
で す ぐ そ ば に ー ぼ く が い る い つ の ー ひ ー も ー ほ し ぞ ら を
よ す ぐ そ ば に ー き み が い る い つ の ー ひ ー も ー ほ し ぞ ら に
Em Am F G C mf
ソ シ レ ミ レ レ ド ド レ ド シ ド ファ ラ ド ド レ レ ド ミ ファ ミ レ ミ
な が め ー て い る ー ひ と り き り の よ あ ー け ー も ー た っ た ひ と
か が や ー い て る ー な み だ ゆ れ る あ し ー た ー も ー た っ た ひ と
Dm Em
ファ ミ レ ミ ミ ファ ファ ソ ファ ソ ファ ミ レ ド レ レ ミ ミ ミ レ ド ミ
つ の こ ー こ ろ ー か な し み に く れ な ー い で ー き み の た め
つ の こ ー と ば ー こ の む ね に だ き し ー め て ー き み の た め
D7 G G7
ミ レ レ #ド #ド レ レ レ ミ #ファ レ ラ ソ ソ #ファ #ファ ソ ミ ファ ミ ファ ファ
い き な ー ん て ー は る か ぜ に か え て ー や る ー ひ の あ た る
ぼ く は ー い ま ー は る か ぜ に ふ か れ ー て る ー ひ の あ た る

風になる

C G Am Em
ソ ミ ファ ミ ファ ファ ソ ソ ラ ソ ラ シ ド ミ ミ ソ ラ ラ ソ ドレド
ーさかみちを ーじてんしゃで かけのーぼーる ーきみと
ーさかみちを ーじてんしゃで かけのーぼーる ーきみと
ーさかみちを ーじてんしゃで かけのーぼーる ーきみと
ミ/ド ミ/ド ミ/ド ミ/ド シ/ソ シ/ソ シ/ソ シ/ソ ド/ラ ド/ラ ド/ラ ド/ラ ソ/ミ ソ/ミ ソ/ミ ソ/ミ
F C D7 G
ファ ミ レ ド ド ファ ミ レ ド ド ド レ ラ ド ド ミ ミ ソ ミ ファ ミ ファ ファ
なくしーた おもいーでの せてゆーくよ ーララララー
ちかっーた やくそーくの せてゆーくよ ーララララー
ちかっーた やくそーくの せてゆーくよ ーララララー
ラ/ファ ラ/ファ ラ/ファ ラ/ファ ソ/ミ ソ/ミ ソ/ミ ソ/ミ ♯ファ/レ ♯ファ/レ ♯ファ/レ ♯ファ/レ シ/ソ ソ ラ シ
C G Am Em
ソ ミ ファ ミ ファ ファ ソ ソ ラ ソ ラ シ ド ミ ミ ソ ラ ラ ソ ドレド
ーくちずさむ ーくちびるを そめて ゆーく ーきみと
ーくちずさむ ーくちびるを そめて ゆーく ーきみと
ーくちずさむ ーくちびるを そめて ゆーく ーきみと
ミ/ド ミ/ド ミ/ド レ/シ レ/シ レ/シ ド/ラ ド/ラ ド/ラ ソ/ミ ソ/ミ ソ/ミ

to 𝄌 1.
F C D G C
ファ ミ レ ド ド ファ ミ レ ド ド ド レ ラ ラ ド ド レ レ ド
み つ け ー た し あ わ ー せ は な ー の よ ー う ー に ー
で あ え ー た し あ わ ー せ い の ー る よ ー う ー に
で あ え ー た し あ わ ー せ い の ー る よ ー う ー に
C mp G 2. C F G Em
ソ ラ ド ド レ ド ド ファ ド シ ラ ソ ファ ソ ラ
わ す れ て い
p
Am G F D7 G f G7
ド レ ミ ラ ド ソ シ ミ ファ ミ ファ ファ
ひ の あ た る
D.S.
𝄌 C Fm C
ド ♭ラ ド ソ ソ ファ ド レ ミ ソ
p rit.

夢をかなえてドラえもん

作詞・作曲：黒須克彦

ここマス！

この歌のここがマスト！
新しい『ドラえもん』のＯＰ（2007～）です。特に練習しなくてもみんな歌えるんじゃないでしょうか？

明るく左手はスタッカート
F C
F Gm
こころのなか い ーつもいつも え がいてるー え がいてるー
やりたいこと い ーきたいばしょ み つけたらー み つけたらー
C7 F C
ゆめをのせた じ ーぶんだけの せ かいちずー 「タケコプタ～」
まよわないで く ーつをはいて で かけようー 「タイムマシン～」
F Gm
そらをとんで と ーきをこえて と おいくに で も ー ドーア
だいじょうぶさ ひ ーとりじゃない ぼ くがいる か ら ー キーラ

ラクに弾けちゃうポイント 子どもたちにつられてテンポが速くなるので注意。つられると後で右手がけっこうつらくなります。

C7 F F7
ド ド レ レ ミ ファ ファ ソ ラ ♭シ ラ ソ ソ ファ ファ ファ ファ ミ ♭ミ
を あ け て ほ ら い き た い ー よ ー い ま す ぐ ー 「どこでもドア～」
キ ラ か が や く た か ら も の ー さ ー が そ う よ ー 「四次元ポケット～」
♭シ ミ ド ♭シ ミ ド ♭シ ミ ド ♭シ ミ ド ラ ファ ド ラ ファ ド ラ ファ ファ ソ ラ
B♭ F Gm C F F7
レ ファ ミ ファ ソ ファ ド ラ ♭シ レ ド ♭シ ラ ♭シ ド
お と な に なっ た ら ー わ す れ ちゃ う の か な ー
み ち に ま よっ て も ー な か な い で い い よ ー
♭シ ファ ♭シ ファ ♭シ ファ ♭シ ファ ラ ファ ラ ファ ラ ファ ラ ファ ファ ♭シ ファ ♭シ ミ ド ミ ド ファ ファ ミ ♭ミ
B♭ F Dm Gm G C C7
レ ファ ミ レ ド ソ ファ ファ ソ ファ ミ レ ミ ド ファ レ ソ ミ
そ ん な と き に は ー お も い だ し て み よう ー
ひ み つ の どう ぐ で ー た す け て あ げ る よ ー
レ ♭シ レ ♭シ レ ♭シ レ ♭シ ミ ラ ミ ラ ラ レ ラ レ ソ ラ ♭シ ソ ド レ ミ ド

夢をかなえてドラえもん

F F7 B♭ B♭m C7
to Φ
ラ ラ ラ ラ ラ ラ ♭シ ド ド ♭シ ♭シ ラ ♭シ ラ ソ ファ ファ ミ ファ ソ ファ
ドラえもん せかい じゅうに ゆーめ を そう あ ふれさせて
ドラえもん きみが いれば みーん な が え がおになる
ドラえもん せかい じゅうに ゆーめ を そう あ ふれさせて
1.
F C
ラ ファ ド ラ ド ♭シ ド ♭シ ド ソ ド ソ ド ♭シ ド ラ ソ ラ ド ラ ド ♭シ ド ♭シ ド
ド ミ ド ミ ♭シ ミ ♭シ ミ ラ ミ ラ ミ ソ ミ ソ ミ
2.
D♭ A♭ F
ファ ファミファ ♭レ ファ ♭ソ ファ♭ソ ♭シ ♭レ ド♭レ♭シ ド♭レ ♭ミ ♭ミ レ♭ミ ド ♭ミ ファ ミ ファ ラ ファ♭ソ ファ♭ミ ♭レ ド

夢をかなえてドラえもん

おどるポンポコリン

作詞：さくらももこ　作曲：織田哲郎

ここマス！

この歌のここがマスト！
20年以上前の歌なのにまったく色あせない名曲。もともとはエンディングの歌だったのって覚えていますか？

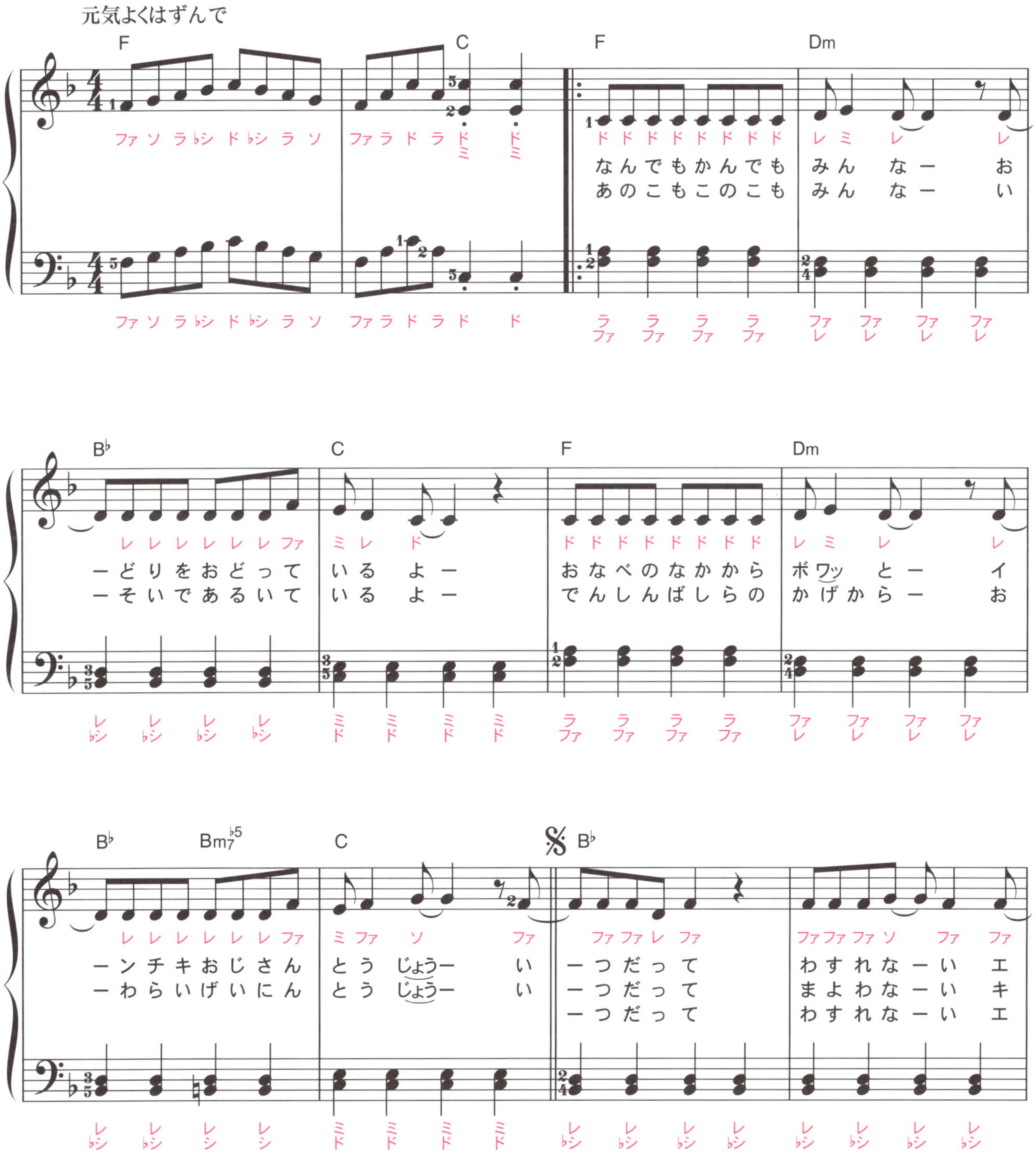
元気よくはずんで
F　C　F　Dm
なんでもかんでも　みんな　なー　お
あのこもこのこも　みんな　なー　い
B♭　C　F　Dm
ーどりをおどって　いる　よー　おなべのなかから　ボワッ　とー　イ
ーそいであるいて　いる　よー　でんしんばしらの　かげからー　お
B♭　Bm7♭5　C　B♭
ーンチキおじさん　とう　じょうー　い　ーつだって　わすれなーい　エ
ーわらいげいにん　とう　じょうー　い　ーつだって　まよわなーい　キ
ーつだって　わすれなーい　エ

ラクに弾けちゃうポイント　左手は全体的にスタッカートぎみに。Aメロの音の連打でリズムがもたつかないようにしましょう。

おどるポンポコリン

F Bb Bm7b5 C
ファファレファ ファファファソファ レミファソ ファミファソ
ージソンは えらいひーと そんなの ーじょうしき ー
ーヨスクは えきのなーか そんなの ーゆうめい ー
ージソンは えらいひーと そんなの ーじょうしき ー
C7 F Dm
ラソラドラソ ファレドファレド ラソファファソ ファレドファレド
タッタタラリラ ピーヒャラピーヒャラ パッパパラパ ピーヒャラピーヒャラ
Bb Bm7b5 C
ラソファファソ ファレドファレド bシbシラソファラ ソ
パッパパラパ ピーヒャラピーヒャラ
おへそがちらり
ニンジンいらない
おへそがちらり

C7 F Dm
ラ ソ ラ ド ラ ソ ファ レ ド ファ レ ド ラ ソ ファ ファ ソ ファ レ ド ファ レ ド
タッ タ タ ラ リ ラ ピー ヒャ ラ ピー ヒャ ラ パッ パ パ ラ パ ピー ヒャ ラ ピー ヒャ ラ
♭シ ド ラ ファ ラ ファ ラ ファ ラ ファ ラ ファ ラ ファ ラ ファ ラ ミ ラ レ ラ レ ラ レ ラ レ
B♭ C F to⊕
ラ ラ ソ ファ ファファファ ソ ファ レ ド ファ ド ド ド レ ラ ソ ファ
おどるポンポコリン ピーヒャラピー
おーなかがへったよー
ブータのプータロー
おーなかがへったよー
ラ レ ラ レ ラ レ ラ ド ファ ♭シ ファ ♭シ ファ ♭シ ファ ♭シ ミ ド ミ ド ソ ド ソ ド ラ ファ ラ ファ ラ ファ ラ ファ
1. 2. ⊕
F C C7 F
ファ ソ ラ ♭シ ド ミ ド ミ ド ド ♭シ ソ ド ファ ファ ド ファ ド ファ ド
い
(poco rit. 少しずつゆっくり)
D.S.
ファ ソ ラ ♭シ ド ド ミ ド ソ ド ♭シ ド ファ ファ ド ド ファ ファ ド ド ファ

ウィーアー！

作詞：藤林聖子　作曲：田中公平

ここマス！

この歌のここがマスト！

海賊ブームの火付け役となったアニメより。いろいろな歌がありましたが、やっぱりこの曲がいちばんテンション上がりますよね。

ラクに弾けちゃうポイント　イントロは難易度が高いですが、かっこいいのでぜひ弾けるようにがんばって。指番号を逃すと詰まります。

G F/G E♭/G F/G G F/G E♭/G F/G
PIE-CE
アー!
G F G
らしんばんなんて じゅうたいのもと
ぜんぶまにうけて しんじちゃって も
G E♭ F
ねつにうかされ かじ をとるのさ ー
かたをおされてい っぽ リードさ ー
G C B7 Em
ホコリかぶってたたからのちずも ー たし
こんどあえたならはなすつもりさ ー それ

ウィーアー！

C D Bm Em Am D G
ソ ソ ♯ファ ミ レ ミ ラ シ ド レ シ ラ ソ ソラソラ
か め た の な ら － で ん せ つ じゃ な い －
か ら の こ と と － こ れ か ら の こ と －
B♭ C G
シ レ ミ ファ ラ ラ ソ ソ ミ レ ド レ シ ラ ソ
こ じ ん て き な － あ － ら し は だ － れ か の
つ ま り い つ も － ピ － ン チ は だ － れ か に
B♭ E7 Am
レ ミ ファ ラ ラ ♯ソ ♯ソ ラ シ ド
－ バ イ オ リ ズ ム のっ か っ て －
－ ア ピ －ル で き る いい チャ ン ス －

F G A E♭ F D G
ド ド ド シ シ ラ ソ ラ ソ ラ ♯ファ ♭ミ ファ レ レ レ ソ ソ レ ソ ラ
おもいすごせば いい! ありった けの ゆめを
じいしきかじょう に! しみった れた よるを
けの ゆめを
ラ ファ ラ ファ シ ソ シ ソ ♯ド ラ ♯ド ラ ♯ド ラ ♯ド ラ ♭ミ ファ レ レ ソ レ ソ レ ソ レ ソ
D/F♯ F C D G
ソ ラ ド シ ソ レ レ レ ソ ソ レ ソ ラ
ー かき あつーめー さがし ものを さがし
ー ぶっ とばーせー たから ばこに キョウミ
ー かき あつーめー さがし ものを さがし
レ ♯ファ レ ♯ファ レ ♯ファ レ ♯ファ ド ファ ド ファ ド ファ ド ファ ド ミ ド ミ レ ♯ファ レ ♯ファ レ ソ レ ソ レ ソ レ ソ
D/F♯ B7 Em Em7/D C
ラ ド シ ラ ソ ラ ソ ソ ソ ソ ド シ ラ
ー にいく のーさーー ー ポケッ トト のー コイン
ー はない けーどーー ー ポケッ トト にー ロマン
ー にいく のーさーー ー ポケッ ト のー コイン
レ ♯ファ レ ♯ファ ♯レ シ ♯ファ シ シ ミ シ ミ シ ミ シ ミ シ ミ シ ミ シ ミ シ ミ ミ ド ミ ド ミ ド ミ ド

4 リクエスト曲 アニメ

ウィーアー！

F♯m7♭5/C　Bm7　C　Am
♯ファ♯ファ♯ファ　♯ファ♯ファ♯ファ　ミ　レ　ミ　ド　ソ
ー　それと　You wan-na be my Friend?　We are.
ー　それと　You wan-na be my Friend?
ー　それと　You wan-na be my Friend?
Bm　Cm　F　to Φ　G　E♭　F　D
レ　ラ　ソ　ラ　♭シ　ラ　ラ　ソ
We are on the cruise!　ウィー　アー!　ありった
G
D.S.
Φ　G　Gsus4/F　C/E　Cm/E♭　F　G
アー!　ウィー　アー!　ウィー　アー!

5

歌い継ぎたい
童謡・わらべうた

～親子・子どもの歌・歌遊び 20 ～

この章では歌い継ぎたい明治時代以降の唱歌や、わらべうた20曲を厳選しました。
特にわらべうたはピアノを弾かずに子どもたちといっしょに歌って遊べるので、
ピアノの苦手な保育者こそぜひ積極的に取り入れてみてください。

【本書のわらべうたについての注意】

わらべうたのメロディは地域によってさまざまで、歌詞も地域や時代によって異なります。
しかしどれが正解というものはありません。あえていうならばその地域で歌われているメロディや歌詞のすべてが正しいのです。
本書のメロディや歌詞は「ある地域の歌い方の例」でしかありません。
これを機会に地域や子どもたちのおじいさん、おばあさんと交流を持って、その地域のわらべうたを子どもたちに伝えてもらってはいかがでしょうか？

なお、わらべうた10曲に関しては左手の楽譜の音符を小さいものにしてあります。
これは歌い継がれてきたメロディを、ピアノで弾くためにむりやり五線譜に当てはめたためで、和音も参考までに付けたものですのでご了承ください。
基本的に手遊びなのでピアノを弾くよりも、子どもたちといっしょに歌って遊んであげてください。

童謡

七つの子

作詞：野口雨情　作曲：本居長世

ここマス！

この歌のここがマスト！
某伝説級コメディアンのおかげで替え歌のほうが有名になってますが、正しい歌詞と優しい情景をしっかりと教えてあげましょう。

ゆったり
F C Dm Am Gm C7 F
ラ ♭シ ド ラ ド レ ド ラ ファ ソ ソ ラ ファ レ ド ファ
F C Dm Am B♭ Bm7♭5 C C7
ラ ソ ファ ソ ラ ファ レ ファ ド レ ド ラ ド レ ファ ソ
か ら － す な ぜ な く の か ら す は や ま に
F C Dm Am Gm C7 F
ラ ♭シ ド ラ ド レ ド ラ ファ ソ ソ ラ ファ レ ド ファ
か わ い い な な － つ の こ が あ る か ら よ
Gm
ソ ソ ソ ソ ソ ソ ラ ♭シ ラ ソ ソ ソ ラ レ
か わ い か わ い と か ら す は な く の

ラクに弾けちゃうポイント 特に難しいところはありませんが、指番号には注意しましょう。

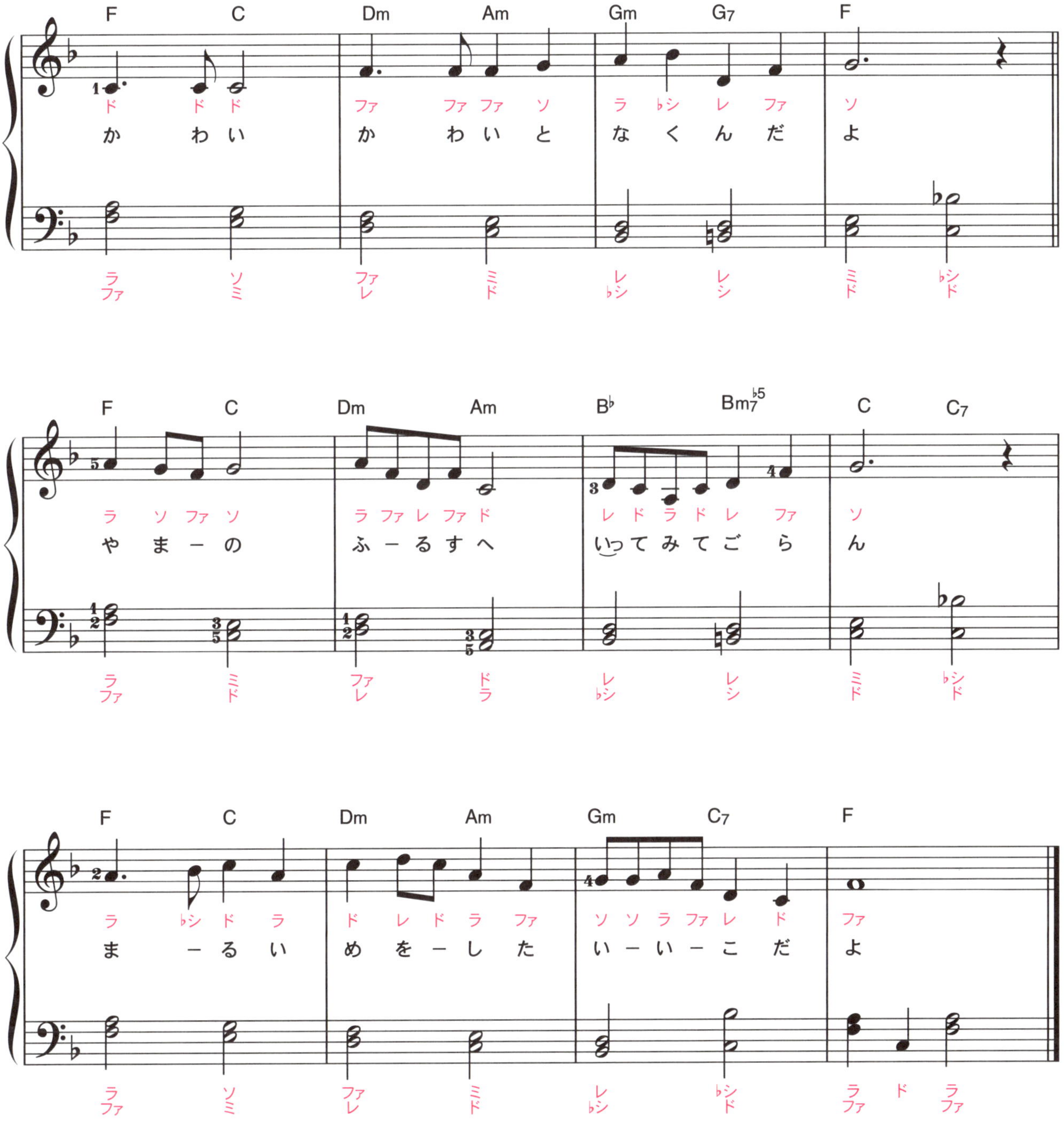
F C Dm Am Gm G7 F
ド ド ド ファ ファ ファ ソ ラ ♭シ レ ファ ソ
かわい かわいと なくんだ よ
ラ ファ ソ ミ ファ レ ミ ド レ ♭シ レ シ ミ ド ♭シ ド
F C Dm Am B♭ Bm7♭5 C C7
ラ ソ ファ ソ ラ ファ レ ファ ド レ ド ラ ド レ ファ ソ
やまーの ふーるすへ いってみてごら ん
ラ ファ ミ ド ファ レ ド ラ レ ♭シ レ シ ミ ド ♭シ ド
F C Dm Am Gm C7 F
ラ ♭シ ド ラ ド レ ド ラ ファ ソ ソ ラ ファ レ ド ファ
まーるい めをーした いーいーこだ よ
ラ ファ ソ ミ ファ レ ミ ド レ ♭シ ♭シ ド ラ ファ ド ラ ファ

証城寺《しょうじょうじ》の狸囃子

作詞：野口雨情　作曲：中山晋平

ここマス！

この歌のここがマスト！
軽快ながら懐かしさを感じるメロディ。冒頭は知っていても、意外と全体を知らない人が多い曲なのでここでご紹介します。

ラクに弾けちゃうポイント 左手は全体的にスタッカートぎみですが、「負けるな負けるな～」はふつうに弾いて。右手の指番号に注意。

F G C C F
ド ラ ソ ミ レ ド ド レ ミ レ ミ ソ ラ ソ ド ラ ソ ソ
ポン ポ コ ポン の ポン ま け る な ま け る な お しょう さん に
ポン ポ コ ポン の ポン
ファ ソ ミ ド ミ ド ミ ド ミ ド ミ ド ミ ド ミ ド ファ ド ファ ド
Fine
C G C G7 C
ラ ラ ラ ソ ミ ミ レ ド レ ミ ソ ミ ソ ラ ソ ド ド ド
ま け る な こ い こい こい こい こい こい みーん な で て こい こい こい
ファ ド ファ ド ミ ド ミ ド シ ソ シ ソ ミ ド ファ ソ ミ ド ミ ド ミ ド
D.C.

ふじの山

文部省唱歌　作詞：巌谷小波

ここマス！

この歌のここがマスト！
世界遺産にも登録された日本の最高峰、霊峰富士。歌詞全体で富士山の姿を歌っているので歌詞の説明をぜひしてください。

ラクに弾けちゃうポイント　全体的に力強く弾くようにしましょう。3段目4小節目は両手とも意識しないと少し難しいかもしれません。

童謡

夕焼け小焼け

作詞：中村雨紅　作曲：草川信

ここマス！

この歌のここがマスト！
夕方になるとこれが流れる自治体も多いのでは？　音だけでなく歌詞もいっしょに教えてあげましょう。

5 童謡・わらべうた

ラクに弾けちゃうポイント　右手のフレーズ頭の指番号に注意。最後の指くぐりがポイントです。

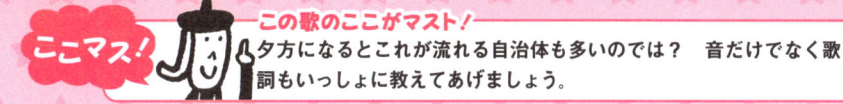

故郷

作詞：高野辰之　作曲：岡野貞一

ここマス！
この歌のここがマスト！
唱歌の名曲ですが、歌詞の言い回しが少し難しいために、誤解したまま覚えないようにしっかりと教えたい１曲。

ゆったり
F Am/E F7/E♭ Dm A C7 F F C F C7
ド ド ド ファ ソ ラ ♭シ ♭シ ソ ファ ファ ファ ファ ソ ラ ソ ラ ラ ♭シ
1.う さ ぎ お い し か の や
2.い か に い ま す ち ち は
3.こ こ ろ ざ し を は た し
F C7 F C C7 F C C7 F
ド ♭シ ド レ ラ ♭シ ラ ソ ソ ミ ファ ソ ファ ソ ド ファ ソ ラ ラ
ま こ ぶ な つ りし か の か わ ゆーめ は いーま も
は つ つ が な しや と も が き あーめ に かーぜ に
て い つ の ひ にか か え ら ん やーま は あーお き
G Em7♭5 F F Am/E F7/E♭ Dm A C7 F
♭シ ラ ♭シ レ ド ♭シ ラ ド ド ド ファ ソ ラ ♭シ ♭シ ソ ファ
めーぐ ー りーて わ す れ が たき ふ る さ と
つーけ ー てーも お も い い ずる ふ る さ と
ふーる ー さーと み ず は き よき ふ る さ と

ラクに弾けちゃうポイント 右手の指づかいに注意しないと詰まりやすいです。左手は全体的に滑らかに弾くように意識しましょう。

金太郎

作詞：石原和三郎　作曲：田村虎蔵

ここマス！

この歌のここがマスト！
源頼光四天王のひとり、坂田金時の幼少期の伝説を歌ったものです。今でも勇壮な子どもの代名詞として残っていますね。

力強くはずんで
C C7 F F C Csus4
1.まさかりかついできんたろ
2.あしがらやーまのやまおく
C F Fsus4 F C C7 F
うくーまにまたがりおうまのけいこ
でけだものあつめてすもうのけいこ
F Fsus4 F F C7 F
ハイシイドウドウハイドウドウハイシイドウドウハイドウドウ
ハッケヨイヨイノコッタハッケヨイヨイノコッタ

ラクに弾けちゃうポイント　左手はスタッカートで。左手の和音でドシ♭と急に広がる部分だけ注意しましょう。

童謡

浦島太郎

文部省唱歌

ここマス！

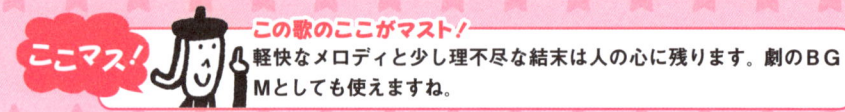

この歌のここがマスト！
軽快なメロディと少し理不尽な結末は人の心に残ります。劇のBGMとしても使えますね。

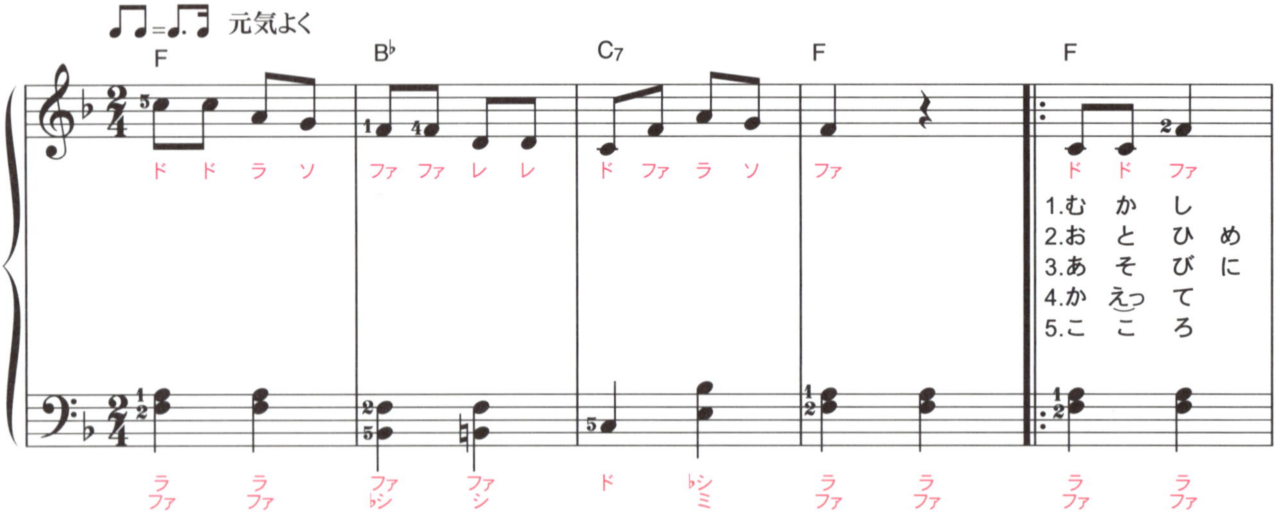

元気よく
F　B♭　C7　F　F
ドドラソ　ファファレレ　ドファラソ　ファ　ドドファ
1.むかし
2.おとひめ
3.あそびに
4.かえって
5.こころ
ラ/ファ　ラ/ファ　ファ/♭シ　ファ/シ　ド　♭シ/ミ　ラ/ファ　ラ/ファ　ラ/ファ　ラ/ファ

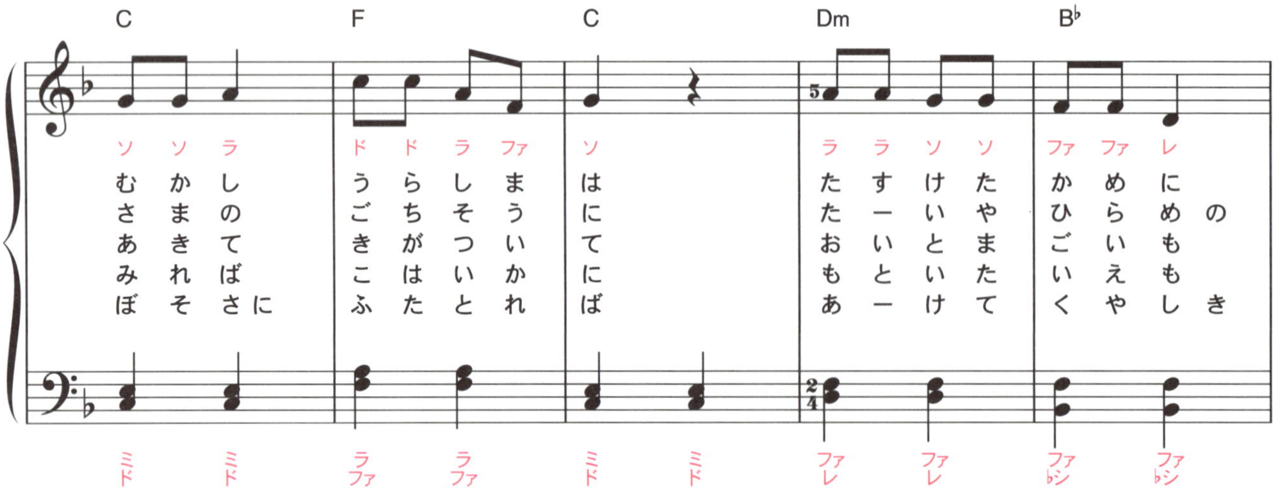

C　F　C　Dm　B♭
ソソラ　ドドラファ　ソ　ララソソ　ファファレ
むかし　うらしま　は　たすけた　かめに
さまの　ごちそう　に　たーいや　ひらめの
あきて　きがつい　て　おいとま　ごいも
みれば　こはいか　に　もといた　いえも
ぼそさに　ふたとれ　ば　あーけて　くやしき
ミ/ド　ミ/ド　ラ/ファ　ラ/ファ　ミ/ド　ミ/ド　ファ/レ　ファ/レ　ファ/♭シ　ファ/♭シ

ラクに弾けちゃうポイント　左手はほとんどポジションチェンジはありません。最後から３小節目の右手の指の入れ替えに注意して。

F Fsus4 F F C
ド ド ファ ソ ラ ラ ♭シ ド レ ド ド ラ ソ ソ ラ ファ
つれられて りゅうぐうじょうへ きてみれ
まいおどり ただめずらしく おもしろ
そこそこに かーえるとちゅうの たのしみ
むらもなく みーちにいきあう ひとびと
たまてばこ なかからぱっと しろけむ
ラ ♭シ ラ ラ ラ ラ ラ ラ ミ ミ
ファ ファ ファ ファ ファ ファ ファ ファ ド ド
C7 F B♭ C7 F
ソ ド ド ラ ソ ファ ファ レ レ ド ファ ラ ソ ファ
ば えーにも かけない うつくし さ
く つきひの たつのも ゆめのう ち
は みやげに もらった たまてば こ
は かーおも しらない ものばか り
り たちまち たろうは おじいさ ん
♭シ ♭シ ラ ラ ファ ファ ド ♭シ ラ ラ
ド ド ファ ファ ♭シ シ ミ ファ ファ

一寸法師

作詞：巌谷小波　作曲：田村虎蔵

ここマス！

この歌のここがマスト！
小さな一寸法師が知恵を働かせて鬼退治をするお話。打ち出の小槌が登場するのは最後の５番です。

勇ましく
B♭　F　F　C7　F　F
レ レ ド ド　ラ ラ ド ド　ファ ラ　ソ ソ ファ　ド ド ファ
1. ゆ び に
2. きょ う は
3. さ て も
4. は り の
5. お に が
C　F　Fsus4　F　C　F
ソ ソ ファ ソ　ラ ラ レ レ　ド ド ラ　ソ ソ ソ ソ　ラ ソ ファ ミ
た り な い　い っ す ん　ぼ う し　ち い さ い　か ら だ に
さ ん じょう の　だ い じ ん　ど の に　か か え ー　ら れ た る
か え り の　き よ み ず　ざ か に　お に が ー　い っ ぴ き
た ち を ば　さ か て に　も っ て　ち く り ー　ち く り と
わ す れ た　う ち で の　こ づ ち　う て ば ー　ふ し ぎ や

ラクに弾けちゃうポイント　メロディのリズムはぴょんこぴょんこと跳ねますが、同じ音の連打中に指変えがある部分でつまずかないように。

B♭ G7/B C B♭ G7/B C
レ レ ソ ソ ド ド ド レ レ レ レ ファ ファ レ ファ ソ ラ
お お き な の ぞ み お わ ん の ふ ー ね に は ー し
い っ す ん ぼ う し ほ う し ー ほ う し と お ー き
あ ら わ れ い で て く っ て ー か か れ ば そ ー の
は ら じゅ う つ け ば お に は ー ほ う し を は ー き
い っ す ん ぼ う し ひ と う ち ご ー と に せ ー が
ファ ♭シ ファ シ ミ ド ミ ド レ ♭シ レ ♭シ レ シ レ シ ミ ド ミ ド
F B♭ F C7 F
ファ ソ ラ レ レ ド ド ラ ラ ド ド ファ ラ ソ ソ ファ
の か い きょ う へ ー は る ば る の ー ぼ り ゆ く
に い り ひ め の ー お と も で き ー よ み ず へ
く ち へ ほ う し ー た ち ま ち お ー ど り こ む
だ し て い っ しょ う け ん め い に ー げ て ゆ く
の び て い ま は ー り っ ぱ な お ー お お と こ
ファ ド ファ ド ファ ♭シ ファ ♭シ ファ ド ファ ド ファ ド ファ ド ♭シ ミ ラ ファ

兎と亀

作詞：石原和三郎　作曲：納所弁次郎

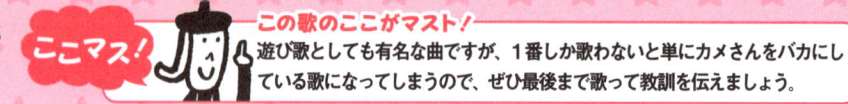

ここマス！

この歌のここがマスト！
遊び歌としても有名な曲ですが、1番しか歌わないと単にカメさんをバカにしている歌になってしまうので、ぜひ最後まで歌って教訓を伝えましょう。

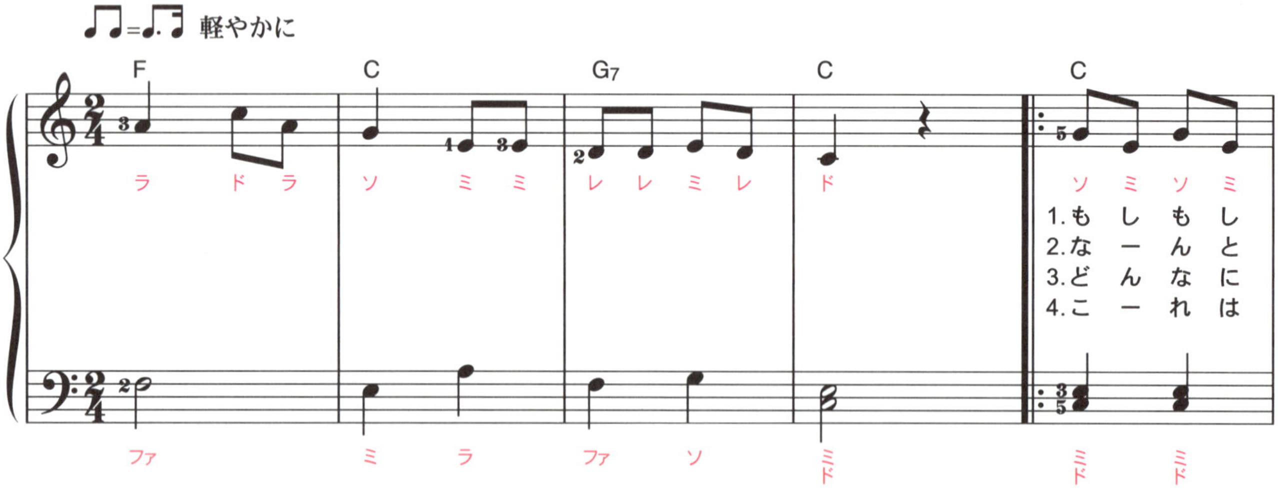

軽やかに
F　C　G7　C　C
ラ ド ラ　ソ ミ ミ　レ レ ミ レ　ド　ソ ミ ソ ミ
1.もしもし
2.なーんと
3.どんなに
4.こーれは
ファ　ミ ラ　ファ ソ　ミ ド　ミ ド　ミ ド

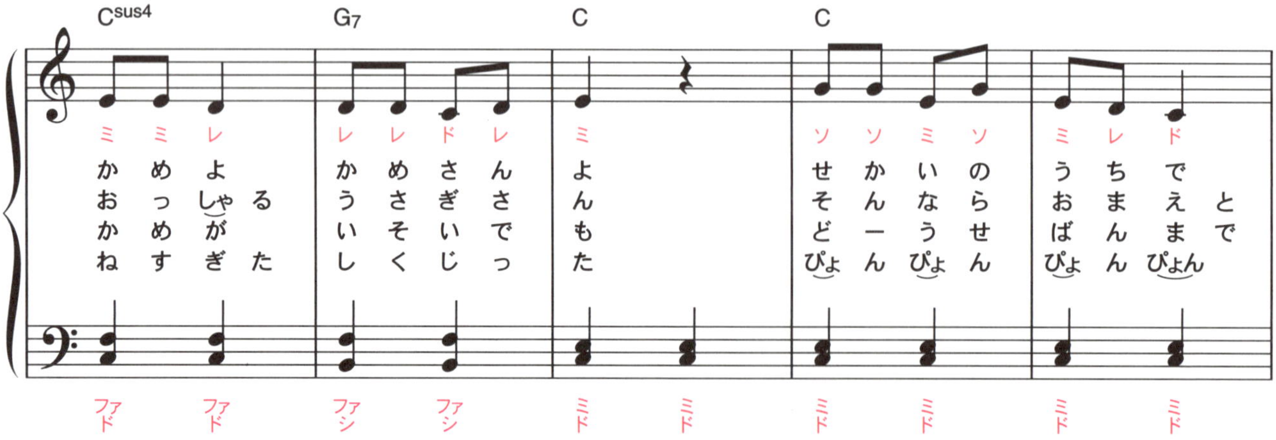

Csus4　G7　C　C
ミ ミ レ　レ レ ド レ　ミ　ソ ソ ミ ソ　ミ レ ド
かめよ　かめさん　よ　せかいの　うちで
おっしゃる　うさぎさ　ん　そんなら　おまえと
かめが　いそいで　も　どーうせ　ばんまで
ねすぎた　しくじっ　た　ぴょんぴょん　ぴょんぴょん
ファ ド　ファ ド　ファ シ　ファ シ　ミ ド　ミ ド　ミ ド　ミ ド　ミ ド　ミ ド

ラクに弾けちゃうポイント　左手はあまり動かないのでラクです。スタッカートぎみに。右手はリズミカルに弾けるように意識しましょう。

G7　C　C　F　D7
レ レ ミ レ　ド　ソ ソ ソ ソ　ラ ラ ラ　ド ド ド ラ
お ま え ほ　ど　あ ゆ み の　の ろ い　も の は な
か け く ら　べ　む こ う の　や ま の　ふ も と ま
か か る だ　ろ　こ こ ら で　ちょ い と　ひ と ね む
ぴょ ん ぴょ ん　ぴょん　あ ん ま り　お そ い　う さ ぎ さ
ソシ　ファシ　ミド　ミド　ミド　ミド　ファド　ファド　ラレ　ラレ

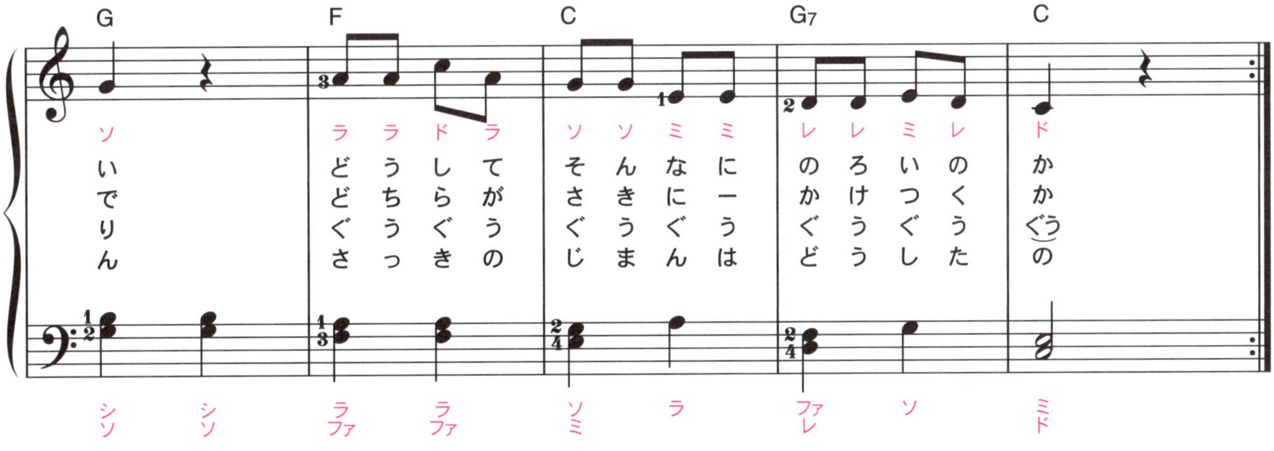
G　F　C　G7　C
ソ　ラ ラ ド ラ　ソ ソ ミ ミ　レ レ ミ レ　ド
い　ど う し て　そ ん な に　の ろ い の　か
で　ど ち ら が　さ き に ー　か け つ く　か
り　ぐ う ぐ う　ぐ う ぐ う　ぐ う ぐ う　ぐう
ん　さ っ き の　じ ま ん は　ど う し た　の
シソ　シソ　ラファ　ラファ　ソミ　ラ　ファレ　ソ　ミド

童謡

桃太郎

文部省唱歌　作曲：岡野貞一

ここマス!

この歌のここがマスト!
意外と最後までしっかりと歌える人は少ないです。歌全体でひとつのお話になっているのでしっかりと教えてあげましょう。

元気よく
1.ももたろさん　ももたろさん　おこしにつけた　きびだんご　ひとつわたしに　くださいな
2.やりましょう　やりましょう　これからおにの　せいばつに　ついてくるなら　やりましょう
3.いきましょう　いきましょう　あなたについて　どこまでも　けらいになってー　いきましょう
4.そりゃすすめ　そりゃすすめ　いちどにせめて　せめやぶり　つぶしてしまえー　おにがしま
5.おもしろい　おもしろい　のこらずおにを　せめふせて　ぶんどりものをー　えんやらや
6.ばんばんざい　ばんばんざい　おとものいぬや　さるきじは　いさんでくるまを　えんやらや

ラクに弾けちゃうポイント　最後から３小節目の右手を５にしないと最後に詰まりますので気をつけましょう。三連符はスムーズに。

 でんでらりゅうば

わらべうた

ここマス！

この歌のここがマスト！
元々は長崎地方に伝わるわらべうたですが、NHK教育テレビ『にほんごであそぼ』に取り上げられ、その不思議な語感で一躍有名に。

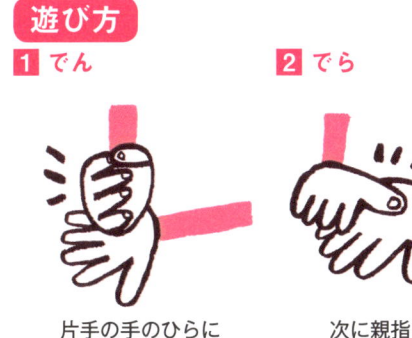

のんびりと歯切れよく

遊び方

1 でん

片手の手のひらに
げんこつを打つ

2 でら

次に親指を打つ

3 りゅう

ひとさし指と
中指（ピースの形）
を打つ

4 ば

ひとさし指と
小指（キツネの形）
を打つ

歌に合わせて1～4を繰り返していきます。

最後のこんこんは1のげんこつを２回打ちます。

だんだんとスピードを速くしたり、手を打つのを4から逆にしてみたりして遊んでみましょう。

ずいずいずっころばし

わらべうた

ここマス！

この歌のここがマスト！
みんなで遊べる手遊び歌。歌詞には諸説ありますが、全体的に不思議な雰囲気ですよね。

リズミカルに弾んで
ずいずい ずっころばし ごまみそ ずい ちゃつぼに
おわれて とっぴん しゃん ぬけ たーら どんどこ
しょ たわらの ねずみが こめくって チュウ
チュウチュウ チュウチュウ チュウ おとさんが よんでも おかさんが

ラ ラ ラ ラ ラ シ ド ド シ ラ シ シ ラ ラ
よ ん で も い き っ こ な し よ い ど の
ラ ラ ラ ラ ラ シ ラ ラ ラ ラ ラ ラ シ ラ シ
ま わ り で お ちゃ わ ん か い た の だ ー ー れ

遊び方

1 子どもたちは円になって、両手を軽く握って前に出す。オニをひとり決める。

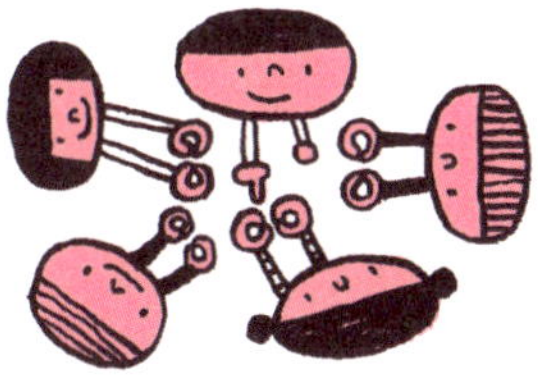

2 オニは「ずいずいずっころばし…」と歌いながら、ほかの人のこぶしの中に右手のひとさし指を入れていく。

3 歌い終わったとき、オニの指が入っているこぶしを下ろす。歌をうたうたびに、こぶしがひとつずつ減っていく。

だーれ

4 両方のこぶしが早くなくなった人が勝ち。最後に残った人が次のオニになる。

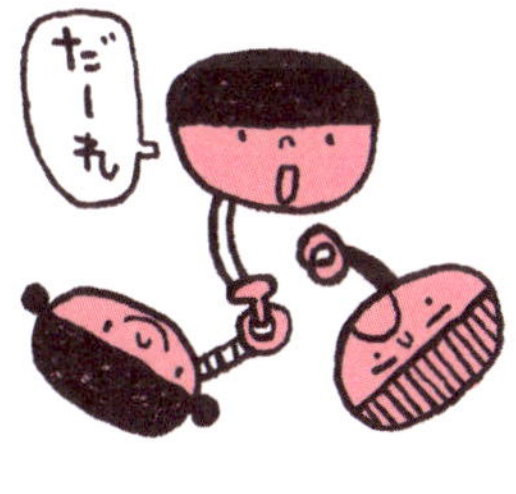
だーれ

わらべうた

とおりゃんせ

わらべうた

ここマス！

この歌のここがマスト！
懐かしいのにどこか少しだけ怖い感じがする日本の古い遊び歌。二組に分かれて歌詞のかけ合いをしてもいいですね。

ゆっくりとなめらかに
とお りゃん せ とお りゃ ん せ
こ こ は ど こ の ほ そ み ち じゃ てん じん ー さ ま の ほ そ み ち じゃ
ちょっ と とお し て く だ しゃ ん せ ご よう の ない も の と お しゃ せ ぬ

♭シ ♭シ ♭シ ♭シ ♭シ レ ♭シ ラ ♭シ ラ ソ ソ ラ ファ ファ ファ ファ ファ ラ ファ ミ
こ の こ の な な つ の お い わ い に お ふ だ を お さ め に
ソ ♭シ レ ソ レ ソ ミ ド レ ファ ラ
ファ ミ レ レ ミ ラ ラ ラ ラ ラ ラ ソ ラ ラ ラ ソ レ レ ミ
ま い り ま す い き は よ い よ い か え り は こ わ い
ソ ♭シ ミ ド ラ ファ レ ファ レ ファ レ シ レ ラ ♯ド
レ ミ ファ ソ ラ ♭シ ラ ♭シ レ ミ レ ♭シ ラ ラ ソ ラ
こ わ い な が ら も と お りゃ ん せ とお りゃ ん せ
ソ レ レ ソ ミ ソ ミ ラ レ ラ ミ ラ

かごめかごめ

わらべうた

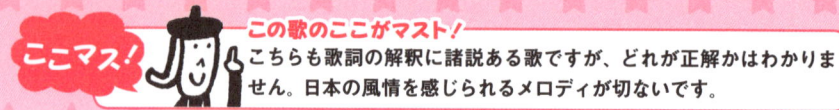

ここマス！

この歌のここがマスト！
こちらも歌詞の解釈に諸説ある歌ですが、どれが正解かはわかりません。日本の風情を感じられるメロディが切ないです。

遊び方

1. オニは目隠しをして座り、ほかの子どもたちは手をつなぎオニの周りに立つ。
2. 歌いながらオニの周りを回る。
3. 歌い終えたらしゃがみ、オニの後ろにいる子が「だ～れだ」と言う。
4. オニは後ろにいる子を当てる。

ひらいたひらいた

わらべうた

ここマス!

この歌のここがマスト!
短い歌詞に諸行無常が込められている手遊び歌。開いてはつぼみ、また開くという幻想的な歌詞が印象的ですね。

ゆったりと幻想的に
ソ ソ ファ ソ ソ ファ レ ソ ファ ファ ファ ファ ラ ラ ソ ソ ファ レ ソ ソ ソ ソ ラ ラ
ひ らい た ひ ら い た な ん の は な が ひ ら い た れん げ の は な が
ソ ド レ ファ ソ ド レ ファ ソ ド レ ファ ソ ド レ ファ ソ ド レ ファ
ソ ソ ファ レ ソ ソ ファ ファ ファ ファ ファ ファ ラ ラ ラ ド ラ ラ ソ ラ ソ ファ ソ
ひ ら い た ひら い た と お もっ た ら い つ の ま に か つ ー ー ぼん だ
ソ ド レ ファ レ ソ ド ソ レ ソ ド ソ ファ ド ♭ミ ド レ ♭シ レ ド

遊び方

1 ひらいた〜ひらいたとおもったら

手をつないで丸くなり、歌いながら時計回りで回る

2 いつのまにかつぼんだ

中心に集まり小さくなる

お寺のおしょうさん

わらべうた

ここマス！

この歌のここがマスト！

時代とともにどんどん歌詞が長くなっていく不思議な遊び歌。100年後にはどんな歌詞になっているんでしょうね？

ゆったりと
ラ ソ ラ ソ ミ ソ ラ ソ ラ ラ ラ
せっ せっ せ ー の よい よい よい お て ら の
ミラ ミラ ミラ ラ レ ミラ ミラ ミラ
ラ ソ ソ ソ ソ ラ ラ ラ ラ ソ ソ
お しょう さん が か ぼ ちゃ の た ね を
ミラ ミラ ミラ ミラ ミラ ミラ
ソ ラ ラ ソ ラ ラ ソ ソ ソ ソ ラ ラ ラ
ま き ま し た め が で て ふ く ら ん
ミラ レラ ミラ ラ レ ミ ソ ラ レ
ラ ソ ラ ソ ソ ソ ソ ソ ラ ソ ラ
で は な が さ い た ら ジャン ケン ポン
ミ ソ ラ レ ミ ソ ミラ レラ ミラ

遊び方

1 せっせっせーのよいよいよい

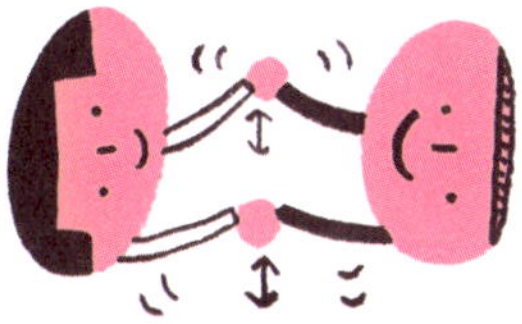

向かい合って手をつなぐ

2 お

拍手を１回

3 て

互いの右手の手のひらを合わせる

4 ら

拍手を１回

5 の

互いの左手の手のひらを合わせる

6 おしょうさんが～まきまし

2～5を繰り返す

7 た

互いの両手の手のひらを打ち合わせる

8 めがでて

自分の両手を合わせる

9 ふくらんで

両手を膨らませる

10 はながさいたら

指先を離す

11 ジャンケン

かいぐりをする

12 ポン

ジャンケンをする

はないちもんめ

わらべうた

ここマス！ この歌のここがマスト！

地方によっていろいろな歌詞がある曲です。その地方の歌詞を大切にしましょう。

元気よく
1. ふるさと まとめて はないち もんめ
2. ふるさと まとめて はないち もんめ
3. たろうさん とりたや はないち もんめ
4. はなこさん とりたや はないち もんめ
かーって うれしい はないち もんめ
まけて くやしい はないち もんめ

わらべうた

ちゃつぼ

わらべうた

ここマス!

この歌のここがマスト!
ひとりで遊べる手遊び歌。子どもと遊んでいるとどんどん速くなっていくのがおもしろいですよね。

ソ ラ ソ ソ ラ ソ ミ ラ ソ ソ ソ
ちゃ ちゃ つ ぼ ちゃ つ ぼ ちゃ つ ぼ にゃ
ミラ ミラ ミラ ミラ ミラ ミラ ミラ
ソ ラ ラ ラ ミ ソ ラ ラ ラ ソ ソ ラ ラ ソ ラ
ふ た が な い そ こ を とっ て ふ た に し よ
ミラ ミラ ミラ ミラ ミラ ミラ ミラ ミラ

遊び方

1 ちゃ

左手を握り、その上に右手の手のひらを乗せて「ふた」にする

2 ちゃ

右手の手のひらを左手の下にして「そこ」にする

3 つ

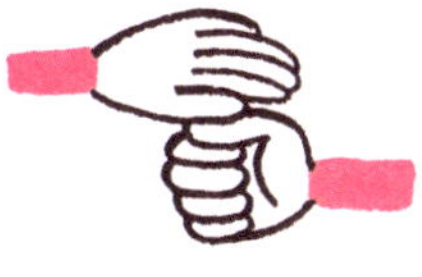

右手を握り、その上に左手の手のひらを乗せて「ふた」にする

4 ぽ

左手の手のひらを右手の下にして「そこ」にする

4 ちゃつぼ～ふたにしよ

1～4を繰り返す

なべなべそこぬけ

わらべうた

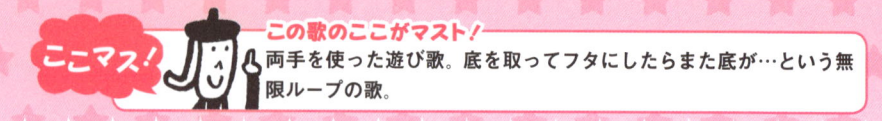

ここマス!

この歌のここがマスト!
両手を使った遊び歌。底を取ってフタにしたらまた底が…という無限ループの歌。

元気よく
ラ ソ ラ ソ ラ ラ ラ ラ
な べ な べ そ こ ぬ け
ミラ レラ ミラ レラ
ラ ラ ラ ラ ラ シ シ ラ ラ ラ ソ ラ
そ こ が ぬ け た ら か え り ま しょう
ミラ レラ ミラ ミラ

遊び方

1 なべなべそこぬけ

ふたりで両手をつなぎ、左右に揺らす

2 そこがぬけたら　かえりましょう

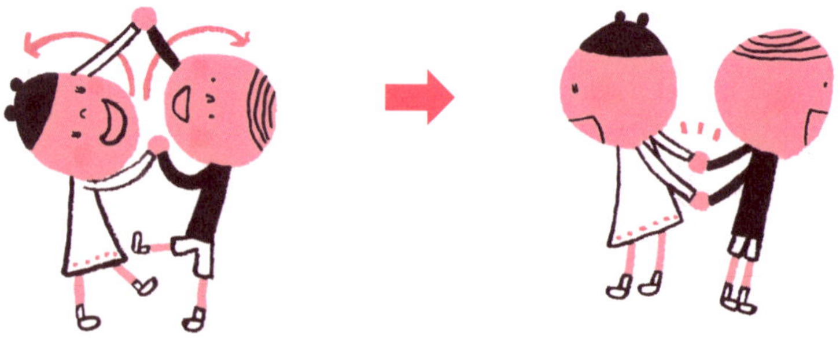

両手をつないだままま、返って背中合わせになる

おちゃらか

わらべうた

ここマス!
この歌のここがマスト!
ジャンケン遊びの歌ですが、小気味よいリズムとホイ！　という言葉がおもしろいですよね。

元気よく
ラ ソ ラ ソ ミ ソ ラ ソ ラ ソ ソ ソ ラ ソ ソ
せっ せっ せ ー の よい よい よい おちゃらか おちゃらか
ミラ ミラ ミラ ラ レ ミラ ラ ミレ ラ ミレ
ソ ラ ソ ソ ラ ソ ラ ソ ソ ソ シ シ ラ ラ ソ ソ ラ
おちゃらか ほい おちゃらか かった よ まけ た よ あい こ で おちゃらか ほい
ラ ミレ ミラ ラ ミレ ミラ ラ ミレ ミラ

遊び方

1 せっせっせーのよいよいよい

両手をつなぎ、リズムに合わせて上下に振る

2 おちゃ

拍手１回

3 らか

互いの手のひらを合わせる

4 おちゃらか×２

2～3を２回繰り返す

5 ほい

ジャンケンする

6 おちゃらか　かったよ（まけたよ）（あいこで）

勝ったほうはバンザイし、負けたほうは泣きまねする。あいこは互いに腕組みをする

五十音順索引

あ

アイスクリームの唄 …… 40
あおいそらにえをかこう …… 104
あくしゅでこんにちは …… 56
朝一番早いのは …… 132
朝のうた …… 54
アブラハムの子 …… 166
雨ふり …… 70
あめふりくまのこ …… 24
ありがとうお母さん …… 66
ありがとうこころをこめて …… 120
ありさんのおはなし …… 63
アルゴリズム行進 …… 170
あわてん坊のサンタクロース …… 31

い

一寸法師 …… 212
いもほりのうた …… 84
いるかはザンブラコ …… 75

う

ウィーアー！ …… 196
We Wish You A Merry Christmas …… 94
うぐいす …… 96
兎と亀 …… 214
兎のダンス …… 83
うちゅうじんにあえたら …… 144
うみ …… 14
浦島太郎 …… 210
うれしいひなまつり …… 50

お

大きなうた …… 134
大きな栗の木の下で …… 15
大きな古時計 …… 38
おお牧場はみどり …… 135
おかあさん …… 23
おかえりのうた …… 60
おかたづけ …… 57
おさるがふねをかきました …… 81
おじいちゃんのおとし …… 82
お正月 …… 18
おちゃらか …… 229
おつかいありさん …… 37
お寺のおしょうさん …… 224
おどるポンポコリン …… 193
おなかのへるうた …… 136
オバケなんてないさ …… 42
おばけのカボチャ …… 85
おはながわらった …… 21
おべんとう …… 58
思い出のアルバム …… 51

か

かえるの合唱 …… 12
かごめかごめ …… 222
風になる …… 184
かたつむり …… 71
かめの遠足 …… 64
カレンダーマーチ …… 95
カレーライスのうた …… 80
かわいいかくれんぼ …… 22

き

北風小僧の寒太郎 …… 48
君をのせて …… 181
今日の日はさようなら …… 118
きんぎょのひるね …… 74
金太郎 …… 209

く

くじらのとけい …… 76

こ

こいのぼり …… 11
こおろぎ …… 89
小ぎつね …… 17
こんこんクシャンのうた …… 33
ゴーゴーゴー …… 86

さ

さよならマーチ …… 138
サンタが町にやってくる …… 92

し

しまうまグルグル …… 146
しゃぼんだま …… 25
十二支のうた …… 150
証城寺の狸囃子 …… 204
白くまのジェンカ …… 162

す

ずいずいずっころばし …… 218
すてきなパパ …… 72

せ

世界に一つだけの花 …… 106
せんせいとお友だち …… 55

そ

ぞうさんのあくび …… 168
空にはつきないゆめがある …… 102

た

大工のキツツキさん …… 164
たきび …… 47
たなばたさま …… 13

ち

チム・チム・チェリー …… 178
ちゃつぼ …… 227
茶摘み …… 69
ちょうちょう …… 10
ちょんまげマーチ …… 152

て

手をたたきましょう …… 160
でんでらりゅうば …… 217

と

とおりゃんせ …… 220
どこかで春が …… 97
ともだちになるために …… 100
どんぐりころころ …… 16
とんでったバナナ …… 26
とんぼのめがね …… 28

な

七つの子 …… 202
なべなべそこぬけ …… 228

に

ニャニュニョのてんきよほう …… 148

は

ハイ・ホー …… 176
はじめの一歩 …… 115
パジャマでおじゃま …… 142
バスごっこ …… 43
ハッピー・バースデー・トゥ・ユー …… 61
はないちもんめ …… 226
バナナのおやこ …… 78
花は咲く …… 110
春がきたんだ …… 34
春の小川 …… 36
はをみがきましょう …… 59

ひ

ビビディ・バビディ・ブー …… 174
ひらいたひらいた …… 223

ふ

ふじの山 …… 206
故郷 …… 208

ま

まっかな秋 …… 44
まつぼっくり …… 29
マーチング・マーチ …… 130
豆まき …… 20

み

ミッキーマウス・マーチ …… 172
みんなおおきくなった …… 126
みんなともだち …… 123

む

虫のこえ …… 46

も

桃太郎 …… 216
もんしろ蝶々のゆうびんやさん …… 62

や

山の音楽家 …… 30
やまびこごっこ …… 140

ゆ

雪 …… 19
雪のこぼうず …… 32
夕日が背中を押してくる …… 90
夕焼け小焼け …… 207
夢をかなえてドラえもん …… 188

よ

ようかいしりとり …… 154

わ

WA になっておどろう …… 157

ジャンル別索引

園生活の歌

朝のうた……54
せんせいとお友だち……55
あくしゅでこんにちは……56
おかたづけ……57
おべんとう……58
はをみがきましょう……59
おかえりのうた……60
パジャマでおじゃま……142

季節・行事の歌

［ 春 ］
おはながわらった……21
春がきたんだ……34
春の小川……36
茶摘み……69
雨ふり……70

［ 夏 ］
うみ……14
しゃぼんだま……25
オバケなんてないさ……42
ようかいしりとり……154

［ 秋 ］
大きな栗の木の下で……15
どんぐりころころ……16
まつぼっくり……29
まっかな秋……44
おばけのカボチャ……85
夕日が背中を押してくる……90

［ 冬 ］
雪……19
雪のこぼうず……32
たきび……47
北風小僧の寒太郎……48
カレンダーマーチ……95
どこかで春が……97
十二支のうた……150

［ 誕生会 ］
ハッピー・バースデー・トゥ・ユー……61

［ こどもの日 ］
こいのぼり……11

［ 母の日 ］
おかあさん……23
ありがとうお母さん……66

［ 父の日 ］
すてきなパパ……72

［ 遠足 ］
バスごっこ……43

［ 歯と口の健康週間 ］
はをみがきましょう……59

［ 時の記念日 ］
大きな古時計……38

［ 七夕 ］
たなばたさま……13

［ 月見 ］
兎のダンス……83

［ いもほり ］
いもほりのうた……84

［ 敬老の日 ］
おじいちゃんのおとし……82

［ 運動会 ］
ゴーゴーゴー……86

［ 発表会 ］
ともだちになるために……100
空にはつきないゆめがある……102
あおいそらにえをかこう……104
世界に一つだけの花……106
花は咲く……110

［ クリスマス ］
あわてん坊のサンタクロース……31
サンタが町にやってくる……92
We Wish You A Merry Christmas……94

［ お正月 ］
お正月……18
十二支のうた……150

［ 節分 ］
豆まき……20

［ ひな祭り ］
うれしいひなまつり……50

［ 卒園式 ］
思い出のアルバム……51
はじめの一歩……115
今日の日はさようなら……118
ありがとうこころをこめて……120
みんなともだち……123
みんなおおきくなった……126

動物の歌

かえるの合唱……12
小ぎつね……17
かわいいかくれんぼ……22
あめふりくまのこ……24
山の音楽家……30
こんこんクシャンのうた……33
かめの遠足……64
かたつむり……71
きんぎょのひるね……74
いるかはザンブラコ……75
くじらのとけい……76
おさるがふねをかきました……81
兎のダンス……83
うぐいす……96
しまうまグルグル……146
白くまのジェンカ……162
大工のキツツキさん……164
ぞうさんのあくび……168
七つの子……202
証城寺の狸囃子……204
兎と亀……214

虫の歌

ちょうちょう……10
とんぼのめがね……28
おつかいありさん……37
虫のこえ……46
もんしろ蝶々のゆうびんやさん……62
ありさんのおはなし……63
こおろぎ……89

食べ物の歌

とんでったバナナ……26
アイスクリームの唄……40
おべんとう……58
バナナのおやこ……78
カレーライスのうた……80
いもほりのうた……84
おばけのカボチャ……85

いつでもの歌

カレンダーマーチ……95
マーチング・マーチ……130
朝一番早いのは……132
大きなうた……134
おお牧場はみどり……135
おなかのへるうた……136
さよならマーチ……138
やまびこごっこ……140
うちゅうじんにあえたら……144
ニャニュニョのてんきよほう……148
ちょんまげマーチ……152
WA になっておどろう……157
ミッキーマウス・マーチ……172
ビビディ・バビディ・ブー……174
ハイ・ホー……176
チム・チム・チェリー……178
君をのせて……181
風になる……184
夢をかなえてドラえもん……188
おどるポンポコリン……193
ウィーアー！……196
ふじの山……206
夕焼け小焼け……207
故郷……208
とおりゃんせ……220

遊び歌

大きな栗の木の下で……15
手をたたきましょう……160
白くまのジェンカ……162
大工のキツツキさん……164
アブラハムの子……166
ぞうさんのあくび……168
アルゴリズム行進……170
でんでらりゅうば……217
ずいずいずっころばし……218
かごめかごめ……222
ひらいたひらいた……223
お寺のおしょうさん……224
はないちもんめ……226
ちゃつぼ……227
なべなべそこぬけ……228
おちゃらか……229

お話の歌

金太郎……209
浦島太郎……210
一寸法師……212
兎と亀……214
桃太郎……216